作者简介

梁玉峰 (1980.6—)男,新闻学硕士,运城学院中文系讲师。主要从事中国新闻史和媒介研究,迄今发表学术论文20余篇,主持省级科研项目两项、校级项目若干。

本书受山西省艺术科学规划课题（编号2015C02）资助

大学经典文库

融合趋势下的媒体发展策略研究

梁玉峰／著

光明日报出版社

图书在版编目（CIP）数据

融合趋势下的媒体发展策略研究 / 梁玉峰著．－－北京：光明日报出版社，2016.8
 ISBN 978－7－5194－1442－9

Ⅰ.①融… Ⅱ.①梁… Ⅲ.①传播媒介—发展—研究 Ⅳ.①G206.2

中国版本图书馆 CIP 数据核字（2016）第 171601 号

融合趋势下的媒体发展策略研究

著　　者：梁玉峰	
责任编辑：曹美娜　朱　然	责任校对：赵鸣鸣
封面设计：中联学林	责任印制：曹　铮

出版发行：光明日报出版社
地　　址：北京市东城区珠市口东大街 5 号，100062
电　　话：010－67078251（咨询），67078870（发行），67019571（邮购）
传　　真：010－67078227，67078255
网　　址：http://book.gmw.cn
E－mail：gmcbs@gmw.cn　caomeina@gmw.cn
法律顾问：北京德恒律师事务所龚柳方律师
印　　刷：北京天正元印务有限公司
装　　订：北京天正元印务有限公司
本书如有破损、缺页、装订错误，请与本社联系调换

开　　本：710×1000　1/16	
字　　数：163 千字	印　张：13.5
版　　次：2016 年 8 月第 1 版	印　次：2016 年 8 月第 1 次印刷
书　　号：ISBN 978－7－5194－1442－9	
定　　价：68.00 元	

版权所有　　翻印必究

前　言

互联网的普及已严重影响和改变了信息传播的模式,我国现有 6.88 亿网民中使用手机上网的已有 6.20 亿之多。[①] 互联网已经成为人们获取新闻、学习知识、信息交流、生活娱乐、商业活动不可缺少的工具。在此背景下传统媒体面临巨大挑战,整合新闻媒体资源,推动传统媒体和新兴媒体融合发展,已势在必行,媒体融合已成为时代发展的必然趋势。为此,2014 年 8 月 18 日中央全面深化改革领导小组第四次会议审议通过了《关于推动传统媒体和新兴媒体融合发展的指导意见》,媒体融合依然成为国家战略。媒体融合就是把报纸、电视台、电台等传统媒体,与互联网、手机、手持智能终端等新兴媒体传播通道有效结合起来,资源共享,集中处理,衍生出不同形式的信息产品,然后通过不同的平台传播给受众。融合主要是内容的融合、技术的融合和经营方式的融合。

现实层面,各地的传统媒体根据自身的实际情况,尝试选择适合自身的媒体融合路径,主要形式有三种:一是通过资源整合或重组,以实现优势资源的整合和互补,从资源上更好地实现融合;二是推出新

[①] 中国互联网络信息中心(CNNIC):《中国互联网络发展状况统计报告》,2016 年 1 月

闻客户端和微信公众号,抢占意识形态主阵地;三是创办了互联网媒体来进行媒体融合。此外,阿里巴巴、百度等互联网巨头通过收购来布局传媒业,也是实现互联网与传统媒体之间的融合一种途径。

在媒体融合的趋势下,传统媒体和新媒体应该如何发展?怎么才能在激烈的市场竞争中占有一席之地?本书尝试对此作以解答。概括起来,本书有两个特点:一是策略的提出具有针对性,有精细的个案分析为基础。在探究媒体发展策略时多从个案出发,以某个有代表性的具体媒体为例,在认真考察媒体发展现实状况的基础上,指出其存在的问题和不足,从而提出针对性的发展策略。如报纸新闻发展策略的探讨,就是在详细分析《黄河晨报》《上党晚报》和《人民日报》新闻报道的基础上提出的。电视节目发展考察分析了《新闻联播》《第一时间》《非诚勿扰》《我们约会吧》《琅琊榜》等节目和剧作;网络新闻发展则具体考察分析了山西新闻网的网络新闻报道。当然也可能存在个案的"点"上精细有余,而媒体发展普遍的"面"上总结不足的问题。二是使用了数量统计的方法,进行量化分析。在分析具体媒体的发展状况时,作者使用数量统计的方法,把媒体发展的各个方面进行分类,每一类都进行了细致的数量统计,直观而清晰地呈现出媒体发展的本来样貌,从而为发展策略的提出打下坚实的事实基础。

"方其搦翰,气倍辞前,即乎篇成,半折心始。"书稿完成之时,愈加感受到自己的才疏学浅。作为一位新建本科院校工作的教师,授课任务繁重,课余方能从事科研。时间匆忙,心也不够静,一些思考还不成熟,书中错误和疏漏之处必然不少,还请各位方家不吝赐教!

目 录
CONTENTS

第一章　报纸新闻发展策略 ································· 1
　　第一节　报纸新闻发展概论　1
　　第二节　早报新闻发展策略　6
　　第三节　晚报新闻发展策略　14
　　第四节　党报新闻发展策略　26

第二章　期刊经营发展策略 ································· 32
　　第一节　期刊经营发展概论　32
　　第二节　地方画报的经营发展策略　35
　　第三节　学术期刊的经营发展策略　48

第三章　电视节目发展策略 ································· 63
　　第一节　电视节目发展概论　63
　　第二节　主流电视新闻节目发展策略　65
　　第三节　电视民生新闻节目发展策略　78
　　第四节　电视相亲节目发展策略　85

第五节　电视综艺娱乐节目发展策略　105
第六节　电视剧发展策略　110

第四章　新媒体发展策略　133
第一节　新媒体发展概况　133
第二节　网络新闻发展策略　136
第三节　公安微博发展策略　149

附　录　163
《山西晚报》新闻报道的现状与发展对策　163
山西高校校报现状与发展对策　176
聚美优品的微博传播研究　186

参考文献　203

第一章

报纸新闻发展策略

第一节 报纸新闻发展概论

在媒介融合时代,面对新媒体的冲击和挑战,报纸行业遇到了发展的"寒冬",但也并不是完全没有优势可言。从某种意义上说,新媒体的冲击带给传统纸质媒体的不仅仅是挑战或灭亡,也一个良好的发展和改革的机遇。

一、报纸新闻面临的挑战

(一)网络媒体吸引大量年轻受众,报纸读者群年龄结构逐渐趋于老龄化

与无线广播和电视相比,报纸的文字信息比广播、电视的声音、图像更详尽,更深入,也更易于保存。而与互联网相比,报纸的这些优势便不那么明显了。互联网是迄今为止所有传媒的表现形式与优点的集大成者:它有广播的便捷,是电视的画面与声音的有机合成,它有报纸的详尽、深入和可保存的优势。从本质上来说,互联网和报纸都是

传播信息的媒介,但互联网在技术手段上优于报纸,能为读者提供更便捷、更有互动性和更低成本的服务。

报业的发展有着失去年轻读者的倾向。2004年中国人民大学舆论研究所针对北京市场进行的调查显示,北京综合性报纸读者的平均年龄已超过41岁,35岁以下的年轻读者由过去的经常阅读报纸转变为现在几乎不读报纸的比例为11.6%。[①] 与之形成对比的则是年轻人已习惯于从互联网上获取新闻及相关信息。报纸读者老龄化的危害,可以说严重影响了报纸的发行量和报纸的可持续发展。

(二)较之于新媒体,报纸的表现形式单一,新闻的及时性不够

报纸新闻主要是通过文字的描述、图片的搭配来完成对新闻的报道或者转述。媒介融合时代,新闻可以通过更多的形式予以展现,例如可以通过视频、动态影视、网络评论等方式来对新闻进行传播,这些形式能够将新闻用更加生动、具体的方式展现出来,在传播的效果上比单一的报纸形式效果要好。信息的传播速度和传播空间都达到了前所未有的高度。任何一条新闻,通过网络都能迅速地传播开来。这种及时性是报纸新闻所无法比拟的。因为从我国目前的报纸行业来看,最常见、周期最短的也是以日报的形式出现。也就是任何一条新闻都有12到24小时的延后传播,而在这延后传播的时间段里,这些新闻在网络上已经被广泛地关注。报纸的及时性是明显地受到了网络信息传递的冲击和影响,这是报纸新闻在新时代不能回避的一个硬伤。

---

① 杨轶:《数字化时代中国报业如何"过冬"》,《河南科技》,2010年7月下,第106页。

二、报纸新闻的优势

(一)报纸新闻具有新媒体缺乏的权威性

权威是报纸新闻长期以来坚持的一项基本准则,新闻传播的权威就意味着公众对这种新闻的认可。① 在众多的新闻传播方式中,并不是所有的方式都能达到这种效果。特别是在新媒体时代,网络信息的爆炸也给人们对信息的辨识带来了困扰,越来越多的垃圾信息的充斥使公众对网络信息的权威性产生了严重的怀疑。公众仍然需要寻找一个具有权威性的新闻传播途径,这就是报纸新闻可以利用的一个发展契机。报纸新闻要坚持其自身的权威特色,对各种新闻严加甄别,保证出现在其版面上的新闻在内容上真实可靠,有据可循,这是报纸新闻与新媒体时代的其他新闻方式相比所具有的显著优势。要想在夹缝中更好地生存,报纸新闻就必须牢牢地把握住自身的这种优势。

(二)报纸新闻具有新媒体内容缺乏的高度和深度

新媒体在时效性上有着独特的优势。但是这种优势也会带来另一个方面的问题,就是过快的新闻传播,会让人们减少对这个新闻背后的内容的挖掘,对新闻社会现象的进一步思考。只是简单地追求传播速度的高效,传播范围的广泛,却忽略了对新闻质量的追求。这是信息时代网络新闻存在的弊端和问题,反之,这也就是报纸新闻发展的又一契机。报纸新闻在传播时间上的相对延后,给新闻工作者对新闻的深度探索、跟踪研究提供了充裕的准备时间,利用这个时间,报纸新闻能够通过悉心的准备,将公众的视野拓展到网络信息所达不到的一个高度和深度上。关于新闻的专题报道,是通常的新闻报纸获取读

---

① 王子阳:《新媒体环境下报纸新闻的生存困境与发展战略研究》,《新闻传播》,2011年第4期,182页。

者关注和认可的一个重要版面内容。

三、报纸新闻发展策略

媒介融合时代的报纸,除了要增强新闻的时效性、做好图文搭配等要求之外,还要做好以下几个方面:

(一)内容创新,打造品牌栏目,加强报道深度

报纸新闻应该摆脱同质化倾向,不断变换稿件内容,积极创新,使报纸新闻既有权威性,又有创新性。报纸制作团队拥有优秀的采编队伍和高水平的制作设备,这些硬件条件为高质量的新闻提供了有利条件。报纸媒体应该在这一有利基础上,提高自身业务水平,与时俱进,精心制作,努力打造内容精良,质量上乘的高水平新闻。[①]

作为内容为王的产业,内容资源优势直接关系到主动权。传统报纸产业的根本优势在于内容。报纸在本地新闻和深度报道上的优势,至今是网络所无法企及的。为此报纸要发挥自身采编优势,对新闻事件或人物进行独家的"权威采访"或"深度报道",对新闻事实发表独特的见解或作详尽的诠释,满足读者的需要,解疑释惑,逐步形成自己发布新闻的权威性。

(二)顺应媒介融合趋势,报网结合,与手机媒体合作

报纸媒体在提高自身节目质量的同时还要善用新媒体的优势,加强媒介融合,加快报纸新闻的传播,并且加大它的覆盖面,这样才能更好地满足受众的需求。报纸媒体可以吸收新媒体优秀的部分来提高自身的新闻节目质量,利用媒介的融合,也可以给受众更多获取信息的途径。

---

① 王悦:《简析报纸新闻在新时代环境下的发展》,《新闻知识》,2015年第12期,94页。

网站能够通过搜索引擎、链接、站名广告、独家新闻等多种方式,吸引读者登录网站。报纸网址也可以通过户外广告、海报等做宣传,指引读者访问。网站还可以作为报刊订阅、专刊和过期刊物销售的新渠道。形成一个拥有论坛、调查问卷、民意测验的报纸网站,能将报纸与读者联系起来,通过这种互动方式把读者回应、素材、信件等反馈给报纸主编,同时提高印刷版读者的忠实度和参与度。

手机多媒体的特性为报纸利用手机平台提供了坚实的基础,手机报突破了报纸传统的图片、文字表现形式,代之以视频、音频、图片、文字、动漫等多媒体表现形式,整合了多媒体资源,极大地增强了吸引力。另外,用户在手机上浏览新闻之余,还可以在互动版块对当天新闻发表评论,提供新闻线索,或查看其他读者的评论。这就突破了传统媒体单向定时发布信息的模式,做到随时随地与读者进行互动,随时发布最新消息。手机媒体外形小巧轻便,也更容易携带,尤其受到平时工作繁忙而没有时间翻看报纸的广大白领的喜爱。

(三)强化新闻的互动性

强化新闻的互动性,可以大大增加受众参与新闻活动的力度,增加受众的活跃度。报纸在跨界传播中很大程度上增强了用户的黏合度,更加凸显报纸媒体在新闻传播中的主流地位。截止到2015年3月,纸媒微博粉丝量持续增长,党报粉丝量突破5800万。纸媒在微博领域的粉丝数量、传播影响持续增长。390份各类报纸媒体在新浪微博的总粉丝量达到3.34亿,并且每个月以4.7%的速度增长。[1]

综上所述,媒介融合时代对于报纸来说,既是机遇,又是挑战,报纸新闻应该与时俱进,充分利用好这一发展契机,改善报纸新闻渠道单一、互动性弱等不足之处,发扬报纸新闻有较强的权威性、有营利性

---

[1] 兰元:《简论报纸新闻图片的选用标准》,《社会科学战线》,2013年第4期,36页。

等优势,结合新兴媒体,取长补短,优势互补,继续以自身的传播优势正确引导社会舆论。不断总结经验教训,探索自身的发展战略。在充分发挥纸质媒体竞争力的前提下,利用新媒体作为新的传播渠道,整合资源、取长补短,找到新的平衡点和发展之路。

第二节　早报新闻发展策略

在信息化的时代,微博、微信、手机移动客户端等基于网络的新兴媒介终端,因其新奇、实用的特点,越来越受到大家的喜爱,也打通了大众获取信息的新渠道。然而,这些改变,却给报纸等传统平面媒体的生存,带来了直接的威胁。如何在这个网络时代继续生存、发展下去,成为包括报纸在内的所有传统媒体需要面对的首要问题。因此,报纸与全媒体融合,寻找适合自身发展的转型之路势在必行。

早报,也叫晨报,是早上发行的,一般稿件截止于前一天下午4点之前,排版之后稿件在凌晨2点之前印出来,5点左右各报刊点可得到最新的早报。如遇重大新闻有了新进展可以及时进行改动处理,稿件截止时间可以直抵午夜。早报、晨报作为都市报的一种,如何在媒介融合时代,在报业同质化竞争十分激烈的背景下,求得生存和发展是一个必须面对的课题,本节以《黄河晨报》为例探讨地方早报新闻发展的路径和策略。

一、《黄河晨报》简况

《黄河晨报》是运城日报社主管和主办的一份综合性报纸,创办于2006年3月,以"追求有力度的新闻"为定位,面向广大的运城市民,为人们提供时事政治、社会生活、经济、文化、体育、时尚、健康等方面的新闻与咨询。

书中采用抽样的方式选取《黄河晨报》2014年2月15日至2014年3月15日为期一个月的样本作为调查对象。在调查过程中,主要从新闻选题、新闻性质取向、新闻写作语言三方面进行数据统计,获取有关信息,进而分析《黄河晨报》新闻报道的现状及存在问题。

二、《黄河晨报》新闻报道现状分析

(一)新闻选题

新闻报道的内容可以分为时事与政治类、经济与科技类、人物与事件类、教卫与文体类和社会与生活类等五方面[1]。《黄河晨报》第2183期至第2207期(2014年2月15日—2014年3月15日)的新闻共有1695条,按照这一分类统计数据如下:

表1 新闻选题数据统计表

选题	数量(条)	比率(%)
时事与政治类	154	9.0
经济与科技类	155	9.1
人物与事件类	492	29.0
教卫与文体类	551	32.5
社会与生活类	343	20.2

从表1可看出,教卫与文体类的新闻是数量最多的一类,比例高达32.5%,它具体包括了教育新闻、卫生新闻、文艺新闻和体育新闻四大块;其次是人物与事件类新闻,这类新闻在调查中数量还是相对较多的,比例为29.0%;接着是社会与生活类新闻,它主要对社会生活、社会问题、社会变化以及风土人情等方面加以报道,在期刊中的比例

---

[1] 刘海贵:《中国新闻采访写作学》,复旦大学出版社,2012版。

是20.2%；最后是经济与科技类和时事与政治类新闻,这两类新闻在所调查的期刊中数量相对较少,时事与政治类的新闻主要报道国民经济、生产建议、科学技术研究和群众日常经济生活等内容,而时事与政治类的新闻主要侧重报道运城市党政机关领导层的重要公务活动和各种政治性、专业性的会议,它们所占比例分别为9.1%和9.0%。

《黄河晨报》新闻报道的内容是与其定位是一致的。《黄河晨报》是都市报性质的报纸,在都市发行面向城乡,报道政治、经济、文化和市民业余生活,要区别于地方党报主要报道时事政治类的新闻。作为日报下属的晨报晚报等类似《黄河晨报》的都市报,这些报纸既坚定的坚持党性原则又尽可能的多方面满足读者需求,所以以"追求有力度的新闻"为定位的《黄河晨报》在市民日常社会生活方面的软新闻要报道(占20.2%),"有力度"的硬新闻自然要占大部分(70.8%)。

具体到新闻报道的议题方面,《黄河晨报》在2014年2月15日—2014年3月15日的期刊报道议题选择连贯而鲜明。主要的新闻议题如表2所示：

表2　新闻议题数据统计表

议题	数量(条)
创建国家卫生城市	11
索契冬奥会	10
雾霾	9
新消费者权益保护法	7
闫胜利——扶起来的正能量	7
戏曲惠民	18

结合表2的统计可以看出,"戏曲惠民"所占的比率最多,体现了《黄河晨报》在新闻议题的报道上主要侧重的是"戏曲惠民"这个议题,旨在通过戏曲表演,丰富人们的文化生活,给百姓送去欢乐,同时,

让人们在欣赏戏曲的过程中受到一定的人生启迪,使得戏曲表演远远超过其本身的艺术价值;接着比率较大的议题是"创建国家卫生城市",这反映出《黄河晨报》时刻关注运城地区的城市卫生建设,并通过报刊号召全市人民积极配合、共同参与,力求推动运城经济社会的全面发展;然后是索契冬奥会、雾霾、新消费者权益保护法、闫胜利——扶起来的正能量。纵观这些议题,可以发现它们基本涵盖了社会生活的各个方面,说明了《黄河晨报》对于新闻热点、社会热门议题的把握还是比较全面、及时的。

(二)新闻性质取向

新闻按照性质取向分为正面新闻、中性新闻和负面新闻三类。正面新闻主要侧重报道先锋模范人物的事迹、政府和人民积极践行党和国家的方针政策、歌颂社会新生活等方面,肯定歌颂为主;而负面新闻主要涉及的内容有公务人员违纪和贪污腐败、民事纠纷、经济犯罪、暴力冲突事件等,持否定批评态度。

根据统计数据可以看出,正面新闻和中性新闻共有1512条;负面新闻共有183条。具体所占比例如图1所示:

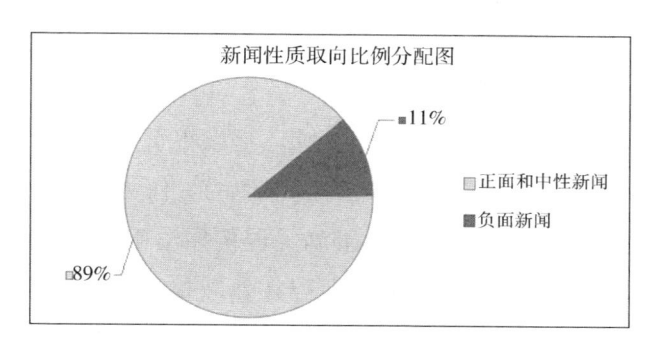

图1 新闻性质取向比例图

由图1可以看出《黄河晨报》的新闻是以正面报道为主,正面新闻远高于负面新闻所占比例,正面新闻所占比例达到了89%,而负面新闻仅占很小一部分,比例约11%,反映了《黄河晨报》以正确的舆论引导人的政治取向。

具体对新闻内容五个类别在新闻性质取向上的数据进行统计,结果如下:

表3　新闻选题中新闻性质取向统计表

新闻性质	选题	时事与政治类	经济与科技类	人物与事件类	教卫与文体类	社会与生活类
正面和中性新闻	数量(条)	137	134	417	504	320
	比率(%)	9.0	8.9	27.6	33.3	21.2
负面新闻	数量(条)	17	21	75	47	23
	比率(%)	9.2	11.5	41.0	25.7	12.6

通过表3可以发现正面和中性新闻在教卫与文体类新闻中所占比重最大,约占33.3%,其次是人物与事件类新闻和社会与生活类新闻,时事与政治类新闻和经济与科技类新闻比例相差不大;而人物与事件类新闻中负面新闻所占比例居于首位,比例达到了41.0%,接着是教卫与文体类新闻,其余三类的负面新闻所占比例都比较小,这说明了《黄河晨报》侧重于关注民生百态,从新闻的另一方面来分析事件,给人们一定的生活启示。

综合图1、表3可以看出《黄河晨报》是以报道正面和中性新闻为主,负面新闻为辅,这样的分配比例是合理的。作为坚持党性原则的都市报既要及时将各种新闻信息准确无误传播给受众,又要对受众和社会就要承担一定的责任和义务,所以在新闻报道理念上要增强社会责任感,注重正、负新闻所带来的不同传播效果,注意理性地分析事实和合理地评价事实,积极传播社会正能量,提高受众的文化品位;而负面新闻的报道因其固有的负面性质易带来负面影响而需适量。

(三)新闻语言

"文学创作的技巧,首先在于研究语言"(高尔基语),新闻写作也是同理。新闻语言不同于文学、评论等语言,更和政治、法律、经济等专业的语言不一样,它是拥有鲜明个性的一种语言。新闻语言要准确、简洁又要体现报道的内容,与时俱进,新闻语言的这些特征在《黄河晨报》的期刊中得到了充分体现。

通过对2014年2月15日—2014年3月15日的《黄河晨报》新闻进行统计发现,《黄河晨报》对新闻语言的把握和使用还是恰到好处,同时还运用了近期出现的新词汇,如"土豪""雾霾""点赞"等,对新词汇的统计结果如表4所示:

表4 《黄河晨报》新词汇数据统计表

词汇	数量(次)
雾霾	26
土豪	18
点赞	21
扶不扶	19
江南 style	5
男神	24
单独两孩	15
女神	22
棱镜门	8
微信	14
新消法	11

"雾霾""男神""女神""点赞"这四个词在《黄河晨报》的新闻中出现频率是最高的,其次是"扶不扶""土豪""单独两孩""微信""新消法",出现相对较少的是"棱镜门"和"江南 style"。这些新词汇在报

纸中的使用，一方面体现了《黄河晨报》顺应时代潮流、与时俱进的特点，并且是对社会新闻、生活热点等的高度关注与呼应；另一方面也是迎合受众需要，通过新词汇来吸引受众注意力。在新闻报道中我们对这些新词不应抱排斥态度，要拥有及时采纳的胸怀，可以适当加以使用，但在运用时也要慎重，要讲究规范，既要标新立异，又要准确得体。

三、早报存在问题与相应对策

通过对《黄河晨报》2014年2月15日—2014年3月15日的期刊进行调查研究，发现《黄河晨报》的新闻报道在总体上还是比较规范、合理的，但发现一些早报普遍存在的问题：

（一）时效性不强

在新闻的时效性方面，我们对《黄河晨报》的新闻报道进行统计，结果如下：

表5　新闻时效性数据统计

	昨天	前天	三天前	一周内	半月	一月	无时效
数量（条）	204	433	152	192	32	7	675
比率（%）	12.0	25.5	9.0	11.3	1.9	0.5	39.8

新闻是时效性很强的文体，俗话说"今天的新闻是金子，昨天的新闻是银子，前天的新闻是垃圾"，新闻与生俱来的基本特点之一就是及时把新近发生、正在发生的事实以最快的速度报道给受众。《黄河晨报》在新闻的时效性方面确实做得不够，作为晨报本来最及时的今天的新闻是没办法刊登了，理应昨天的新闻占大多数，但统计显示，昨天新闻占12.0%，前天新闻占25.5%。明显没有时效性的、一个月以前发生的新闻竟然占比39.8%，新闻报道严重滞后，使得新闻时效性明显太弱。

为此，早报需要大力加强自己的新闻记者队伍建设，多渠道开辟新闻线索,在坚持新闻热线的同时,可以向社会找新闻,联络政府信息部门,丰富新闻资源;向网络上找新闻,建立 QQ 群、微博群、微信群等,在确保新闻真实性的前提下,能以最快的速度将新闻稿发出去,让读者知晓。

(二)会议新闻程式化

会议新闻程式化这个问题在晨报中也很突出。会议新闻程式化,简而言之就是会议新闻模板化。多数时候为"某月某日,某某在某地主持召开了某某会议,某某领导讲话,某某、某某…出席会议。会议首先…其次…接下来…最后…"。这样模板化的会议新闻报道在《黄河晨报》中很多,这些报道会让读者感觉到会议新闻枯燥、空洞,缺乏继续阅读的兴趣。

在早报会议新闻的写作中,应该坚持一事一报、一人一报的原则,最好使用倒金字塔结构,在开头部分把最重要的事实罗列出来,立刻进入主题,让读者一目了然地知道所报道事实;与此同时,及时更新老套的新闻观念和写作习惯,主动学习新的新闻理念。在语言的运用上,多使用读者喜爱的语言,以简单明了的语言告知读者最新鲜的事物,少用难懂的行话和概念化语言,不使用套话和官话,争取把会议新闻写活、写透。

(三)直接引语太少

在《黄河晨报》的新闻写作中,对于新闻当事人的讲话很少使用直接引语,反而是间接概括使用比较多。文章中使用过多的间接引语,没有具体的消息来源,很可能意味着记者在发表个人观点,这容易导致读者对报道客观性的质疑,而如果新闻中使用了直接引语,读者就如同在聆听新闻人物的说话,使新闻报道更加的具有现场感,也更具有真实性,同时也是保护新闻工作者的一种方法。

故而在早报新闻报道的写作中,应该加强使用直接引语的意识,减少间接引语,学会使用引号——引号有吸引人眼球的功能。在报道中尽量把最精彩的内容放在引号中,这样会使新闻报道更具有真实性和可靠性,也更加具有说服力。

时代在更新,社会在发展。在当今这个信息时代,新闻无处不在,人们可以通过读报纸来了解国内外新近发生的各种大事,这样报纸中的新闻写作就显得尤为重要。早报在新闻报道方面中规中矩,比较规范,但也存在着一些诸如时效性不强、会议新闻模式化、直接引语太少的问题,需要不断的改进和完善。早报作为传统媒体中时效性较强的媒体,应该与新媒体结合,使其新闻报道更加及时;报道要破除模式化的倾向,坚持新闻本位,实施本土化的策略,求新求异,才能在同质化严重的报业竞争中求得生存和发展。

第三节　晚报新闻发展策略

近几年来发展较快、社会影响力较大的地市级晚报较受读者的青睐,但同时也面临着新的风险和挑战。各家报社在市场定位、办报理念等方面需要做出新的调整,唯有与时俱进,才能使自己在新的媒体环境下取得进一步发展。寻常百姓是晚报忠实的读者,晚报想要巩固自己的核心竞争力,就为市民服务、为百姓服务,做好信息服务工作。

一、晚报和《上党晚报》简介

晚报是指傍晚前出版的综合性城市报纸,一般是下午 2 点左右出来的,是报道从前一天上午到本天上午的事,由于时间有些事是本天的新闻,进行现场采访和报道可能性就越大,所以一般晚报时效性比之早报差一点。晚报在新闻报道的内容和方式上具有明显的特点：一、以城市市民为主要读者对象。除报道当天国内外重大新闻外，还大量采集、发布发生在市民身边的新闻；及时发表群众的意见、要求；深入市民家庭，密切联系群众。二、注重报道社会新闻和文化、体育新闻；提供有关日常生活的各种知识，做读者衣食住行的参谋；为人们的生活、休息和娱乐服务。三、晚报送到读者手中已在傍晚，读者阅读心理与读晨报有所不同，所以晚报注意生动活泼，短小精悍，有人情味和可读性，重视读者共同兴趣。

《上党晚报》是长治地区的主流媒体之一，它既有代表长治政府声音的"硬"新闻，又有满足上党市民阅读兴趣的"软"新闻，不仅以满足长治市民的信息需求为目的，同时也是外地人了解长治的途径之一，因而，《上党晚报》是名副其实的"上党名片"。作为地市级晚报，《上党晚报》的报道内容主要是以长治市为中心，辐射长治市的各个县区，读者多，发行量大，这对于晚报的发展来说有着很大的动力。晚报以寻常百姓为目标读者，以传递生活信息、服务信息，为读者解疑答难为办报宗旨。《上党晚报》更是以长治市民为读者对象，以满足广大"上党老区"市民的各种信息需求为办报目的，成了长治市民茶余饭后的"精神食粮"。《上党晚报》是山西省近几年来发展较快、社会影响力较大的地市级晚报，为使报纸受读者欢迎，该报要求新闻工作者创新观念，一切以服务读者为出发点[①]。但是面对越来越激烈的媒体竞争，《上党晚报》在发展过程中同样遇到了困难。《上党晚报》是从党的机关报分离出来的，党性较强，多是公费订阅，传递的大多是党政机关信息。

本书将随机选取2015年3月24日至4月20日的纸质版《上党

---

① 胡海涛：《接地气才有生命力——〈上党晚报〉时评版面的探索与思考》，《中国地报人》，2011年第14期，17页。

晚报》作为研究对象,对其内容进行阅读、分析并从新闻传播学理论出发,统计出《上党晚报》的新旧新闻占总新闻量的比例、新闻图片数量、正负能量新闻所占比例等客观实在的数据,针对这些数据指出《上党晚报》新闻内容的优缺点,并对《上党晚报》提出自己的建议和思考。

二、《上党晚报》新闻报道内容分析

《上党晚报》是中共长治市委机关的机关报,同时又是面向长治地区的综合性报纸。晚报的新闻特点都围绕市民生活,本着本土化的大体方向去发展。① 晚报在选择新闻时,多以上党百姓的视角去选择,以市民看懂读懂,喜闻乐见,容易接受为前提。因此晚报新闻内容的特色就是老百姓爱看和乐于关注的新闻。《上党晚报》具有很强的地域性,主要以本地读者为主要对象,即使报道外地新闻也要以本地读者的兴趣和关心角度出发。以下是针对《上党晚报》3月24日至4月20日进行的新闻语言分析。

(一)新闻图片数量

新闻图片是通过视觉手段来传达信息的新闻报道体裁,是新闻的一个重要组成部分。一般具有纪实性,证实性,实感性等特点。② 新闻图片不同于普通照片和艺术照片,它是利用摄影器材和相关技术制作完成的,新闻图片必须具有新闻的特征,而且还要有直观形象地反映现实和记录历史的功能。

2015年3月24日至4月20日《上党晚报》新闻图片数量数据统计表

---

① 木兵:《创新理念 找准定位 办出特色——〈上党晚报〉创新办报思路的探索与实践》,《新闻采编》,2010年第4期,7页。
② 刘海贵:《中国新闻采访写作学》,复旦大学出版社,2011版,102页。

表一

日期	图片数量	新闻总量	比例
3月24日	6	16	37.5%
3月25日	5	9	55.6%
3月26日	5	8	62.5%
3月27日	5	13	38.5%
3月28日	5	9	55.6%
3月30日	5	13	38.5%
3月31日	2	10	20.0%
4月1日	5	14	35.6%
4月2日	7	16	43.8%
4月3日	4	18	22.2%
4月4日	5	11	45.5%
4月7日	4	10	40.0%
4月8日	4	15	26.7%
4月9日	4	12	33.3%
4月10日	8	13	61.5%
4月11日	3	10	30.0%
4月13日	4	15	26.7%
4月14日	6	9	66.7%
4月15日	8	15	53.3%
4月16日	4	14	28.6%
4月17日	5	16	31.3%
4月18日	3	13	23.1%
4月20日	8	16	50.0%

通过表一可以看出新闻图片的数量几乎占到了总新闻量的三分之一,说明新闻图片在报纸的版面中占有很重要的地位。新闻照片的

优势,在于以其形象性从视觉上和心理上引起读者的注意,并以其直观性提高新闻信息的传播效率,其次它突破了语言的障碍。纵观《上党晚报》的新闻图片,其配文一般篇幅比较短。从题材的角度来看,富于生活气息的照片,既自然生动,又贴近百姓生活。例如:

标题为站点成为"广告"牌(《上党晚报》,2015年3月27日A03版)的新闻,就其标题来看并不觉得有什么新闻价值,甚至觉得极为平常,但是看到配图——街头一个公交站点背面涂写满了大量的非法小广告,还用各种颜色的喷漆喷满了电话号码以及各种办证途径。当这一图片出现的时候,顿时跟读者之间产生了强烈共鸣,看到图片读者的厌恶感油然而生,很直观,因为在街头确实能够见到这种现象。

(二) 新旧新闻比例

新旧新闻通俗地讲也就是新闻的时效性。晚报是报道从前一天上午到本天上午的事,这就造成了关于报道前一天的新闻量居多。当天的新闻由于要进行现场采访和报道,然后送往编辑部整理,但是下午就要发行,时间上比较紧张,自然当天的新闻量也就相对较少了。针对晚报时效性比之早报差这一问题的出现,为了在市场经济中获得竞争优势,很多晚报采取了"晚报早出"的对策。①

2015年3月24日至4月20日《上党晚报》新旧新闻数量数据统计表

表二

时间	"今天"的新闻量	"昨天"的新闻量	"前天"的新闻量	"近日"的新闻量	占总新闻量的比率			
					当天	前一天	前两天	近日
3月24日	2	4	1	11	12.5%	25.0%	6.3%	68.8%
3月25日	0	1	1	7	0.0%	11.1%	11.1%	77.8%

---

① 胡海涛:《接地气才有生命力——〈上党晚报〉时评版面的探索与思考》,《中国地报人》,2011年第14期,17页。

续表

时间	"今天"的新闻量	"昨天"的新闻量	"前天"的新闻量	"近日"的新闻量	占总新闻量的比率			
					当天	前一天	前两天	近日
3月26日	1	3	1	4	0.0%	15.4%	12.5%	50.0%
3月27日	2	2	1	10	7.7%	30.0%	7.7%	76.9%
3月28日	1	4	0	5	11.1%	44.4%	0.0%	55.6%
3月30日	0	3	2	8	0.0%	23.1%	15.4%	61.5%
3月31日	0	4	1	5	0.0%	40.0%	10.0%	50.0%
4月1日	0	4	3	7	0.0%	28.6%	21.4%	50.0%
4月2日	1	3	4	9	6.2%	18.8%	25.0%	56.3%
4月3日	0	4	1	13	0.0%	22.2%	5.6%	72.2%
4月4日	0	2	2	7	0.0%	18.2%	18.2%	63.6%
4月7日	1	1	0	9	10.0%	10.0%	0.0%	90.0%
4月8日	0	3	4	8	0.0%	20.0%	26.7%	53.3%
4月9日	0	4	1	7	0.0%	33.3%	8.3%	58.3%
4月10日	0	2	4	7	0.0%	15.4%	30.8%	53.8%
4月11日	2	1	1	8	20.0%	10.0%	10.0%	80.0%
4月13日	1	3	2	10	6.2%	20.0%	13.3%	66.7%
4月14日	0	1	0	8	0.0%	11.1%	0.0%	88.9%
4月15日	0	4	4	7	0.0%	26.7%	26.7%	46.7%
4月16日	2	2	4	8	14.3%	14.3%	28.6%	57.1%
4月17日	0	3	3	10	0.0%	18.8%	18.8%	62.5%
4月18日	1	2	4	7	7.7%	15.4%	30.8%	53.9%
4月20日	0	2	3	11	0.0%	12.5%	18.8%	68.8%

通过表二可以看出《上党晚报》的当天新闻报道量极少,而昨天和前天的新闻量几乎持平,占新闻总量的五分之一。比例最大的是近日的新闻量,近日为近一个星期的新闻,很明显,晚报的时效性不及日报

和早报。例如：《上党晚报》3月30日的A03版就有3月23日的新闻报道,标题为：《拿驾照私家车当起了"教练车"》因行为属于无证驾驶按相关法规均受到了处罚。

表二反映出了《上党晚报》挖掘新闻能力的欠缺,要主动向社会找新闻,也可以通过开通微信平台跟群众交流,以获得更真实更速度的新闻。

（三）正负新闻比例

"正面报道"所报道的新闻内容往往集中于社会生活中积极阳光的一面;以保持一定的社会道德水平和社会秩序为主旋律,它强调"平衡"和"稳定"。① 相反,"负面报道"所报道的新闻内容往往集中于社会生活中消极阴暗的一面,主要报道犯罪、丑闻、恶性事故以及自然灾害等一类事件,反映出与现行社会秩序和道德标准的冲突。② 负面报道的目的不在于倡导某一积极阳光主题,而在于暴露社会敏感阴暗的一面,常常令读者非常震惊,以便吸引读者的注意力。从政治角度去考虑,负面新闻往往站在与当局相反的一面来挑剔批评相关政策和现象,它强调"冲突"。当然《上党晚报》的新闻内容并不是除了正面新闻就是负面新闻,在正面报道和负面报道之间有一个中间地带,那就是"一般报道"。"一般报道"是一种中性报道,没有所要提倡的主题,也不暴露什么,只是陈述事实,是最常见的也是最多的报道样式。

2015年3月24日至4月20日《上党晚报》正负面新闻数量数据统计表

---

① 刘海贵：《中国新闻采访写作学》,复旦大学出版社,2011版,98页。
② 刘海贵：《中国新闻采访写作学》,复旦大学出版社,2011版,101页。

表三

日期	正面新闻量	负面新闻量	新闻总量	正负面新闻比例	
				正面新闻	负面新闻
3月24日	7	1	16	43.8%	6.3%
3月25日	4	0	9	44.4%	0.0%
3月26日	3	1	8	37.5%	12.5%
3月27日	4	1	13	30.8%	7.7%
3月28日	5	2	9	55.6%	22.2%
3月30日	5	1	13	38.5%	7.7%
3月31日	2	2	10	20.0%	20.0%
4月1日	5	1	14	35.6%	7.1%
4月2日	7	0	16	43.8%	0.0%
4月3日	4	2	18	22.2%	11.1%
4月4日	5	2	11	45.5%	18.1%
4月7日	4	0	10	40.0%	0.0%
4月8日	6	1	15	26.7%	6.7%
4月9日	4	1	12	33.3%	8.3%
4月10日	5	2	13	38.5%	15.4%
4月11日	3	1	10	30.0%	10.0%
4月13日	4	3	15	26.7%	20.0%
4月14日	6	0	9	66.7%	0.0%
4月15日	5	1	15	33.3%	6.7%
4月16日	4	0	14	28.6%	0.0%
4月17日	5	2	16	31.3%	12.5%
4月18日	3	2	13	23.1%	15.4%
4月20日	7	1	16	43.8%	6.3%

分析表三可以发现正面新闻和负面新闻几乎占新闻总量的一半，

其中,正面新闻的比例比负面新闻几乎高出一倍,由此可以看出《上党晚报》是给读者展现正能量较多,给读者渲染积极向上的、阳光的新闻内容多些。从正负面新闻的标题内容来看,《上党晚报》是地方都市类报纸,地域性很强,读者为市民较多,所以在新闻报道方面我无论是正面新闻还是负面新闻,其特点都具有"亲民"性,都是老百姓身边的事情。例如:《刷卡消费被商家收取手续费》[1]这是关于百姓消费的问题,报道出来让更多百姓知晓并再消费时引起警惕。《工地打深井影响村民用水》[2]、《挂在床头的水晶相框突然碎了》[3]以上两则新闻则是报道百姓的生活纠纷,也是百姓关心的生活矛盾。《周建民当选"最美兵工人"》[4]、《老人公交车上休克司机速送医院》[5]、《劳动最快乐》[6]、《延安南路街道荣获全国先进》[7]通过这几则正面新闻的标题可以看出,正面新闻也离不开长治本地区,具体展现了长治地区的人和事,语言上也比较通俗和生活化。《上党晚报》的中性新闻最多,因为它要坚持党性原则,《上党晚报》作为长治地区的主流媒体之一,要传播当地政府的声音给群众,并指导、教育群众。坚持党性原则就必须把党的政策方针,党的主张传播给群众。《上党晚报》正面新闻多于负面新闻也是合理的,《上党晚报》是具有浓厚生活气息的报纸,娱乐性也稍强一些,故过多的渲染负面消极的信息,会让群众感觉到身处危险的环境之中,给群众造成不安的心理,不利于社会的安定。相反,《上党晚报》应该提供百姓喜闻乐见、排难解忧的正面新闻。

---

[1] 《上党晚报》2015年3月24日 A07版
[2] 《上党晚报》2015年3月25日 A03版
[3] 《上党晚报》2015年3月25日 A03版
[4] 《上党晚报》2015年3月25日 A05版
[5] 《上党晚报》2015年3月26日 A03版
[6] 《上党晚报》2015年3月25日 A05版
[7] 《上党晚报》2015年3月27日 A05版

三、晚报新闻报道存在的问题

由《上党晚报》新闻报道的现状分析，可以看出晚报新闻报道存在的一些普遍问题：

（一）时效性差

时效性是新闻的"生命"，报纸能否取得高的发行量关键就在于新闻的时效性。时效性意味着：一要迅速及时，二要简短明了。报道的时间距离事件发生的时间越近这条新闻就越具有新闻价值。

从对《上党晚报》的内容分析来看，新闻的时效性较差，打开报纸的每个版面几乎随处可见"近日"，"连日来"，"最近"等表示时间的词语。这些词比较模糊，不够确切。新闻的时效性是决定新闻价值的一个重要因素，就新闻内容而言，如果其报道内容一样，读者一般会选择时效性较强的媒体，哪家媒体最先报道，读者就会选择哪一家。

（二）负面新闻量较少

《上党晚报》中负面新闻内容所占总新闻量的比例较少（从图表三中可以看出），负面新闻报道量少的现象在党报中是常见的，但是和正面新闻的报道量比例悬殊太大的话，容易给读者一种"形式主义"、"报喜不报忧"的印象，显然报纸的可信度也自然会下降。大多报纸媒体不愿报道负面新闻主要担心负面新闻多了会给读者造成心理上的不安全感，让读者很有压力。但用新闻传播学理论知识来分析，正面新闻的报道量过多是会让读者产生"审美疲劳"的，与此同时，读者的不信任感也随之而来，认为媒体没有真实的反映生活。如果将"报喜不报忧"这一印象印到了读者的内心，读者可能会对报纸产生逆反心理，久而久之读者会选择其他刊物，这样的话，报纸的宣传效果等于零。只要依照新闻规律，在进行正面报道的同时适度增加负面报道，并对读者进行客观地正确引导，不仅能得到受众的认可，更能使负面新闻起到正面的积极作用。

四、晚报新闻报道的改进策略

（一）增强新闻时效性

1. 重视细节处理，提高新闻采访报道的工作效率

在我们身边每天都会发生各种新闻事件，有正能量的也有负能量的，如何在众多事件中挑选出百姓最关心、和百姓最贴近的话题，俨然已经成为现代新闻工作者必备的技能。对于筛选出的新闻话题不是篇篇都可以拿来报道，要对新闻话题做出细节上的处理，着重突出人物和事件的特点，在提高可读性的同时要揭示出新闻事件的本质。对于别家报道过的新闻话题也不能放弃报道，同样的话题可以换个角度来报道，引导读者去思考。对于新闻话题不仅要做细节上的处理，还要及时对新闻进行价值分析，对新闻的价值进行简单排序，然后确定采访报道的时间顺序，从而提高新闻选稿的质量和效率。

2. 要树立"抢新闻"的意识

新闻的"新"字，就表明新闻具有内容要"新"和时间要"近"这个特点。时过境迁的新闻就不再是新闻，而变成了"旧闻"新闻几乎失去了报道的价值。时效性是新闻的"生命"，这就要求记者在新闻报道中不能拖拖拉拉，必须十分注重"抢新闻"。既然新闻工作者必须树立"抢新闻"的意识，那就要时时刻刻处于工作状态，主动发现新闻，要有抢发独家新闻的职业责任感。只要知晓发生了重大新闻事件，就要以最快的速度奔赴现场，以最快的速度向单位发回稿。

（二）负面新闻正面报道

1. 要把握好平衡原则

正面报道与负面报道要有一个比例的平衡，坚持正面宣传为主，同时合理控制负面新闻的数量，才能够客观反映社会现实，不至于引

起过度偏激。而《上党晚报》经常是负面报道"集体亮相",让读者确实有点消化不了。以2015年3月28日和4月2日的新闻报道为例:《18岁未婚少女在浴室溺死新生儿子》《24岁爸爸与两岁幼儿命丧重卡车轮下》《男子潜入好友家刀杀其奶奶劫金饰》这三则标题集中地出现在一周时间内,使读者感觉生活中随时都在发生车祸、杀人、抢劫等各种恶性事件,这会给读者消极的心理暗示,造成一种社会治安差、人的素质低下、毫无安全感的恐慌心理,干扰了读者对现实的认识、也不利于社会的安全稳定。

2. 要避免产生负面效应

《上党晚报》中关于负面新闻的报道,新闻工作人员即便是总的来说达到了客观真实,导向正确的要求,但是由于忽视了对报道细节把握,会产生无法预料到的负面效应。例如在对某些犯罪行为的报道中,记者为了做到新闻的"真实性"而对作案过程描写太详细,虽然满足了普通民众的知情权,但却给一些别有用心的人提供了"学习资料",不仅学习到作案手法,还能总结出反侦察经验。如果一篇新闻报道出来对社会起到了副作用,没有利于社会的安定,那整篇新闻就失去了其价值,违背了为百姓服务信息的原则,因此,针对负面新闻更多的是要报道出其解决办法和处理结果,对百姓的生活起到了积极的作用,为百姓解决了困惑,这才是一篇新闻报道应该起到的作用。

在当今社会,晚报要找准自己的市场定位,为百姓提供周到的服务,是政治问题也是经济问题,是生存问题也是发展问题。晚报坚持正确的舆论导向,遵循新闻规律,不盲目、不从众,因时因地制宜,在激烈的媒体竞争过程中,继续发挥自己的特色。但是晚报同时也存在着时效性差、负面新闻的标题语言过度偏激等问题,如今媒体间的竞争日趋激烈,尤其是在新闻时效性、新闻独家报道方面下功夫。晚报必须认真分析报纸的读者,在传播意识和方式方法上不断改进,才能继续成为主流媒体。

第四节 党报新闻发展策略

党报是政党的机关报,是宣传政党的纲领、路线和政策的工具。在我国特指中国共产党各级组织的机关报,《人民日报》作为中国共产党中央委员会的机关报,对"两会"的报道数量比较大,涵盖面较广,报道时间持久,其报道风格可以折射出整个国家层面上对新闻报道变化的态度,从而对整个国家机构产生深远的影响。本节以《人民日报》的两会报道为例,分析党报在新闻报道方面存在的问题,探讨其新闻发展的路径和策略。

一、《人民日报》的"两会"报道

"两会"不但在我国民主政治生活中发挥着举足轻重的作用,同时也起着规划社会发展、推进社会进步的重要作用。"两会"报道随着"两会"自身的发展和我国经济、政治、民主、社会的发展以及新闻传播事业的进步而不断发展、创新与成熟,报道内容不断增加,报道手段不断多元化,报道体裁不断丰富,信息量不断加大。①《人民日报》作为一种传达"两会"精神的重要媒介,其报道内容涉及社会生活的各个方面,及时准确地报道和反映"两会",年年创新"两会"报道,同时,"两会"的进展和动态也在《人民日报》上得到了良好的反映。

本书采用抽样调查的方法,选择 2015 年 3 月 1 日到 3 月 15 日的《人民日报》纸质版报纸为样本,以"两会"的新闻报道为分析对象,注

---

① 李建楠:《从<人民日报>两会报道的话语分析看中国社会变迁》,中国海洋大学硕士论文,2013 年,1 页。

重质化与量化方法的结合,主要采用内容分析和文本分析的方法,从"报道体裁""报道信源""报道态度""报道内容"等方面进行分类统计,针对这些数据指出《人民日报》"两会"报道的优缺点,并对《人民日报》"两会"报道提出自己的建议和思考。

二、《人民日报》"两会"报道新闻内容分析

（一）报道体裁

新闻报道体裁一般有消息、通讯、言论、图表、图片、深度报道、网友问答、专访等。① 从统计结果来看,言论数量最多,所占比重最大,这就说明了《人民日报》更多地从代表和委员的视角来关注问题,注重听取代表和委员的声音,实际上也就反映了全国各民族、各阶层人民的心声。例如,专栏"声音 2015"、"代表委员有话说"刊登出来自基层代表委员的声音,文章短小精悍,使得基层代表和委员的声音形成强势;同时,《人民日报》推出全媒体高端访谈栏目"两会 e 客厅"邀请代表委员和专家学者同台对话、共话改革,加大了对基层代表委员的报道力度;而"代表委员议国是"、"代表访谈"等栏目也从深度解读有关"两会"的各种民声,及时反映民意民情。其次,图表报道和图片报道也占有一定的比例。例如,图片报道"现场"和"两会表情",图表报道"2014 成绩单"和"数说两会"等固定专栏,相比较文字报道,图片报道和图表报道更加直观形象、清晰明了,避免了单一的文字阅读造成的视觉疲劳,从而逐步摆脱了文字报道的生硬和索然无味,增强了版面的生动性、权威性和真实性,给读者以常新的面孔,使"两会"报道更加"好"看和"耐"看。最后,网友问答和专访是《人民日报》汇集民意的另一途径,随着互联网技术的应用,《人民日报》开设了"网友寄语"栏

---

① 马志朋:《2013＜人民日报＞两会报道特色分析》,《今传媒》,2014 年第 5 期,48 页。

目,刊登网友的留言,形成了一个多重互动的平台,加强了报纸和网络之间的联系。而专访栏目采用对话的形式一问一答进行报道,由于是主持人与嘉宾之间的对话,人物之间一般用口语交谈,这就如同冬日围炉的絮语,简洁、平易近人、生活气息浓郁,使新闻话语表达通俗,具有强烈的现场感和直观性,增强了新闻的可读性。更重要的是改变了记者居高临下、我说你听的姿态和以往单向灌输的方式,消除了单向传输中作者与读者之间的隔阂,相对于其他新闻形式,更具有亲和力,为群众所喜闻乐见。①

表一

类目	通讯	言论	图表	图片	深度报道	网友问答	专访	消息	总计
统计数量(篇)	64	599	18	32	23	9	36	32	813
所占比重(%)	7.9%	73.7%	2.3%	3.9%	2.8%	1.1%	4.4%	3.9%	100%

(二)报道信源

统计结果显示,《人民日报》共刊登文字稿781篇,摄影图片32幅,其中稿件多达94.1%来自于本报。在报道信源方面,官方信源依然占据着最大的比例,尽管专业人士也在增多,这从一个侧面反映出《人民日报》对报道权威性的重视。《人民日报》作为中国共产党中央委员会机关报,是当今中国社会最具权威性、影响力和发行量最大的党报,是我国政治的"晴雨表",是党和人民群众的"喉舌",基于其在国内媒体中的特殊地位和影响,对于"两会"的报道具有天然的优势。② 此外,长期以来,《人民日报》都将"两会"作为一个重大的"战

---

① 吕雷:《改革开放以来<人民日报>两会报道特色研究》,兰州大学硕士论文,2009年,20页。
② 马志朋:《2013<人民日报>两会报道特色分析》,《今传媒》,2014年第5期,48页。

役"来对待,投入大量精兵强将,精心策划,力求出彩,所以主要采用本报信源。

表二

类目	数量（篇）	所占比重(%)
本报	765	94.1%
新华社及其他	48	5.9%
总计	813	100%

（三）报道内容

"两会"报道到底包含了哪些内容呢？"两会"特刊的内容丰富,涉及经济、政治、文化、民生和生态等五大方面。分析《人民日报》对于"两会"的报道内容,可以探究出公众关注中国的侧重点。根据统计分析,政治报道数量多达284篇,经济报道246篇,民生报道163篇,文化报道63篇,生态报道57篇。其中,政治和经济报道数量占总报道数量的34.9%和30.3%,大大超出了其他报道内容。通过初步比较可以发现,在采访"两会"的过程中,《人民日报》更加侧重中国的政治和经济领域。通过调查还发现,现阶段《人民日报》对"两会"的政治和经济报道,2015年还出现了对全文刊登的政策和经济的名词解释,以方便受众阅读、理解。同时,还出现了对党的大政方针的专家解读,让广大群众更易了解国家的方针政策,为其生活工作服务。同时,在《人民日报》报道"两会"的813篇报道中,民生报道占总报道数量的20.1%,说明《人民日报》且更注重打好亲民、爱民的"民生"牌。这是通过对与人民生活密切相关的新闻明显增加体现出来的,其内容主要涉及就业、社保、居民生活水平、交通建设等领域,相比较于前几年的报道数量有所上升,对我国民生的重视程度有所提高。

表三

统计＼种类	经济	政治	文化	民生	生态
数量	246	284	63	163	57
所占比重	30.3%	34.9%	7.7%	20.1%	7%

表四

种类	经济	政治	文化	民生	生态
热点	经济新常态：速度换挡质量效益优先	反腐倡廉：标本兼治依法反腐	保护传统文化	聚焦"三农"：激活农村"沉睡的资本"	环境治理：出狠招严格执法对政府严肃考核
	GDP增速如何设置区间	依法治国：开局之年立法推动改革	大国外交："一带一路"开创全方位对外开放格局	养老改革："并轨"措施细化延退争议待解	节能减排
	财税改革：清理"过头"税费让百姓钱袋子鼓起来	深化改革：关键之年政府简放政权攻坚突破		就业创业：大众"创业潮"与科技"创新潮"双潮涌动	
	……	……	……	……	……

（四）报道态度

"正面报道"焦点往往集中在社会的积极部分或光明一面，它的基调是提倡和鼓励的；它倡导某种现象或观念，以保持一定的社会道德水平和社会秩序；它强调平衡、和睦和稳定。"负面报道"聚焦于那些与现行社会秩序和道德标准相冲突的事件以及一切反常现象。

《人民日报》是机关报同时也是中国第一大报，是中国最具权威性和影响力的全国性报纸，《人民日报》作为权威性和严肃性的综合性日报,它必须及时准确、鲜明生动地宣传党中央精神和政府最新的决定和政策,以及国内外大事,它反映出的是广大人民群众的意愿和要求。同时,《人民日报》在从事"两会"报道时,是从政治的高度来完成好这项工作,讲求政治立场、政治方向和政治原则,避免宣传报道上的失误,这就决定了《人民日报》在对"两会"报道是坚持正面报道为主,中立为辅。

表五

类目	数量（篇）	所占比重(%)
正面	678	83.4%
中立	135	16.6%
负面	0	0
总计	813	100%

第二章

期刊经营发展策略

第一节 期刊经营发展概论

数据显示:2011—2012年,全国共出版期刊9849种(不含台湾地区和香港、澳门特别行政区)。从品种数量上看,综合类期刊435种,哲学、社会科学类期刊2516种,自然科学、技术类期刊4920种,文化、教育类期刊1349种,文学艺术类期刊629种。[①]

在这些期刊中多数都是学术期刊。我国学术期刊的生存境况却不容乐观:数量多,有影响、有代表性的少;同类刊物多,有分量的文章少;发行量小的期刊多,发行量大的少;经营亏损的多,赢利的少;国家财政拨款、补贴的多,自身有造血功能的少;一般编辑人员多,编辑出版专业人才少。[②] 总结起来其实也就是两个方面:一是学术期刊总体质量不高,特色鲜明、具有较大影响力的学术刊物太少;二是学术期刊

[①] 赵彦华:《2011-2012年全国期刊业发展状况分析》,《出版发行研究》,2013年第1期,35页。

[②] 邱源、刘亚民:《学术期刊的市场化运作》,《青年记者》,2002年第12期,30页。

的经营管理不善,绝大多数发行量小,亏损严重。

我国的学术期刊长期以来依赖财政拨款、部门补贴维持,推向市场以后在经营方略和数字化转型方面也进行了多方面的探索和尝试,但是形成规模、具有品牌优势和相当影响力的期刊还是太少,总体情况不容乐观。总体来看,我国的学术期刊存在以下问题和不足:

1. 系统平台重复建设,资源共享不足

各类学术期刊在数字化转型过程中,大多建设了功能相似的系统平台,如采编系统、内容发布系统、集成转换系统等,同时各个学术期刊也大多建设了自己的网络平台。这些网络和系统基本上都功能相似,对于每一个学术期刊来说貌似必不可少,但各自为政的系统建设总体来说无疑是资源的极大浪费。另外,各个学术期刊在论文的内容和格式方面都有自己的规定,加之在数据的存储方面格式也是不统一的,这种标准的不够统一给学术资源的共享造成了相当的困难。

2. 数字化程度低,时效性弱

在光盘出版、网站出版和数据库出版三种常见的数字出版形式中,学术期刊基本上是和知网、同方、维普合作的数据库出版,形式上仅仅为纸质刊物内容的数字化。优先出版形式已经出现,但是实际进行的还是少数学术期刊。部分高校引进了采编系统,实现了在线投稿、专家审稿、期刊专家作者之间的交流;但是相当一部分学术期刊还是邮箱投稿,工作人员打印成纸质稿件进行校对、编辑。更有甚者,连邮箱投稿都不能,必须邮寄打印稿件来投稿。各个学术期刊的数字化程度虽然不同,但是总体上明显不高。

我国的学术期刊还有一个明显的缺点,那就是时效性弱。一般的学术期刊出版周期为双月刊、月刊,甚至还有些人文类的期刊是季刊,半月刊、旬刊比较少。学术期刊是要把最新的学术成果、科技进展公之于众,当然是越快越好,时效性非常重要。但是动辄季刊、双月刊,立即接收发出来也是两三个月后的事情了,何况通过专家评审、接收、回修这些过程,半年都过去了。新的学术成就、研究成果也变得不那么新了。把纸质期刊中的内容再发布在网站和数据库中,那更迟了,毕竟参与优先出版的学术期刊太少了。

3. 产品内容重复,出版模式单一

我国的学术期刊出版形式上大多的只有两种:纸质期刊和数据库出版。一般是纸质期刊出版后把内容授权给数据库,两种出版形式明显内容严重重复,毫无二致。至于光盘出版,一般中小学术期刊不做;网站出版方面,由于技术人员短缺或者重视不够,往往不能及时的维护和更新,建设明显不足①。

4. 规模小,亏损多,绝大多数靠补贴维持

我国现有的期刊有近一万种,学术期刊占大半。一般来说一个期刊社只有两三种,甚至只有一种期刊发行。学术期刊的纸质发行量每期一般只有一千本左右,尤其是两千多家高校学报,发行量上万的很少;有的只有几百本,而且是用来和其他学报进行交换,没有销量可言。没有销售额,也没有广告收入,数据库出版合作的分成也不足以维持运转,所以大部分学术期刊长期亏损,仅仅靠所属组织拨款、补贴才能勉强维持,既没有规模,也没有效益。

学术期刊生存现状不容乐观,一般通俗期刊和专业期刊也是类似,在市场经济和转企改制的背景下,学术期刊如何解决面临的这些问题,求得生存和发展,就成了一个大的问题和挑战。

---

① 王炎龙、黎娟:《我国科技期刊数字化出版运营形态及新模式探索》,《中国科技期刊研究》,2013年第5期,957页。

第二节 地方画报的经营发展策略

地方画报作为我国期刊园地中的一个特有品种,其产生时间上大致可以追溯到20世纪初。经过约100年的发展,随着媒介生态环境的变化,地方画报由起初重点反映政治、经济、军事、文化和艺术的综合性、新闻性刊物逐渐走向分化。本文通过对分化和转型背景的描述,以《城市画报》为例,分析画报转型的方向和领域,在总结和借鉴《城市画报》成功经验的同时,重点探讨以下三个问题:转型是否给地方画报带来了新的发展契机?地方画报是否实现了真正意义上的转型?这一转型能否代表未来地方画报的发展方向?

一、地方画报的历史概述

我国的地方画报大致产生于20世纪初的战争年代,在一定意义上可以说,地方画报是中国共产党在舆论宣传上的一大创举。当然,它与我国较早产生的近代画报是相伴相生的,我国近代产生的一系列画报,为地方画报的产生提供了丰富的经验和前期准备。萨空了在《五十年来中国画报之三个时期》中说:"中国之有画报,半系受外国画报之影响,半系受传奇小说前插图之影响,此应为一般人之所公认。"中国现代画报的起源从时间上可以追溯到20世纪初,甚至更早一些。自1920年戈公振主编的《图画周刊》起,到1949年9月,中国共创办过825种画报,其中中国共产党创办的有123种,1923－1934年,中共创办了8种画报,如《楚光日报画刊》(1925,汉口)、《湖北农民画报》、《苏区工人》(1932,福建汀州)、《红军画报》(1934)等。1924－1937年的13年中,全国各地共创办了480余种画报,是现代画报大发展时期。以上海为最多，天津次之。邵飘萍主办的《京报》于1924年创办《京报图画周刊》，出版10余年，其特辟的《旧都社会写真》专栏，较为充分地反映了劳动人民对生活现实的和旧社会的谴责。1925年创办的《上海画报》刊登了许多揭露帝国主义侵略罪行的照片，曾风行一时。

　　抗日战争时期，中国一共编印了110余种画报，其中延安等抗日根据地编印有30种，上海、香港、西南大后方和各个战区编印了80多种。延安办的《前线画报》《抗敌画报》《八路军杂志》等都大量刊登反映中共中央和延安的政治、军事等方面生活的纪实照片。1942年出版的《晋察冀画报》是抗日根据地最有名的画报。解放战争时期全国共出版画报227种，其中解放区出版的85种。抗战胜利后，原在重庆出版的《联合画报》迁至上海出版。在上海出版的画报先后还有《国情画报》《新生画报》《中国画报》等。1945年11月在本溪创办了《东北画报》。1946年晋冀鲁豫军区创办了《人民画报》。1947年共创办了17种画报，并在原《山东画报》的基础上出版了《华东画报》。1948年又创办了13种画报，1949年创办了23种画报。这些画报的出版，在动员民众、打击敌人、解放全中国的伟大事业中起了重要作用。新中国成立后最著名的画报当属《人民画报》，创刊于1950年7月，至今已跨越半个世纪，可以说是新中国政治、经济、文化诸史的见证物。

　　从20世纪初到1949年，大约创办了八百多种画报，这些创刊于战争年代的画报，其类型大致可以归纳为以下两点：

　　1. 综合型。虽然重视对重大事件的报道，同时也关注政治、经济、军事、文化教育、戏剧、电影以及社会生活的各个方面。这类综合性的画报以《良友》为代表。其创刊于1926年2月，到1941年12月太平洋战争爆发后休刊，共出171期，用照片记录了这一时期中国的历史和社会生活以及世界重大事件，特别是对北伐战争、1927年英国制造的汉口惨案、"九一八"、"一二八"、"七七抗战"等事件进行了充分和及时的报道。

《良友》重视对重大事件的报道,但是其触角也深入到政治、经济、军事、文化教育、戏剧、电影以及社会生活的各个方面,曾出版画刊、专集 10 余种,揭露日军暴行。此类画报在新中国成立后渐趋消亡。

2. 新闻型。这一时期创办的画报,大量采用当代著名摄影家、摄影记者采摄、提供的时事新闻照片,反映全国的风云变幻。比如:《联合画报》是在第二次世界大战和解放战争时期出版的新闻性画报。1942 年 9 月 25 日在四川重庆创刊,主要刊载反映盟国联合作战的新闻照片,并有战地通讯、述评、地图、漫画、文艺小品等。第二次世界大战结束后,《联合画报》于 1945 年 11 月迁上海出版,主要刊登国内民主运动和揭露、批评国民党当局的新闻图片和漫画。到 1949 年 4 月出版 42 期后停刊。在此期间,舒宗侨和曹聚仁、魏守忠等人还合编出版了《第二次世界大战画史》《中国抗战画史》及《二次大战照片精华》画册,积累和保存了一批二次大战时的纪实摄影与文献资料。当时,以图片、时事摄影为主,反映时代前进脉络的画报还有《时代画报》《前线画报》《晋察冀画报》等优秀刊物,这些画报初期大致以美术绘画作品,军事报道、战斗故事、诗歌等项目为主。

二、地方画报的分化

(一)分化的背景

新中国成立初期,我国的行政区域被划分为西北、西南、华东等几大区域,鉴于画报在历史上的贡献和其在特殊历史时期的作用,被重新搬上了历史舞台,各大行政区域相继出版了画报,如 1953 年出版的《西北画报》(石鲁任社长)就是在这一历史背景下诞生的。[①] 其后,我

---

① 这一时期的画报,几乎都以《××(地名)画报》命名,而且以后逐渐成为画报的主流。本文所研究的画报,即是原以地名命名的一批画报,如《山东画报》《安徽画报》《河北画报》等。

国行政区域虽几经变更，但各省几乎都保留了画报，在管理上也沿革了计划经济条件下全额拨款的模式，这一局面一直维持到20世纪90年代。这一时期，特别是新中国成立初期，画报在形象直观生动地记录时代、鼓舞民心、传递政情方面，确实发挥了巨大的作用。在图片和摄影还没有普及的年代，各地的画报甚至成了各省对外形象宣传的"窗口"和"名片"，被广为推崇。然而，随着时代的发展和读者群体的分化，画报的弊端也越来越开始显现出来，如体制僵化、内容陈旧、编排模式化，对新媒体的冲击不能做出灵活有效的应对等。

从20世纪初开始至今，近乎一个世纪的发展，画报从战争时期到和平年代，经历计划经济向市场经济转型，面对市场竞争，为了寻找新的发展契机和生存空间，画报逐渐从以往突现政治性、新闻性的同一定位和经营理念走向分化，而这一分化是以经济和社会的转型为背景的，具有诱致性特征。

1. 财政改革，事业单位开始企业化运作。20世纪80年代末到90年代的财政改革，尤其是1998年以来的财政改革，为了减轻财政负担，政府减少对一些事业单位的拨款，把竞争策略引入事业单位，鼓励其参与市场竞争，逐渐走上自负盈亏的道路。在这样的背景下，很多事业单位开始企业化的运作，画报的分化就是在这样的背景下开始的。政府减少了对画报这样的事业单位的财政支持，对排版和印刷的少量拨款难以维持报社的正常运行，因此，在新的形势下，全国各地的画报为了寻找生存点，纷纷调整定位，以市场为导向，运用企业化的经营理念和运作方式创办刊物。财政改革是我国画报分化的宏观经济背景，在宏观经济调控之下，画报的分化具有典型的诱致性特征，自发分化特征并不是很明显。

2. 经济转型，行业内部的竞争加剧。随着经济的转型，市场竞争的程度加剧，传媒业内部的竞争主要表现在以下两个方面：其一，纸媒之间的竞争异常激烈。画报大多诞生于图片资源紧缺的时代,而现在则是图片甚至期刊本身都过剩的时代,在国内,就有九千多家期刊,各类报纸更是数不胜数。画报如果不走出以往的办刊模式,不向新的目标读者进行有效的品牌推广,随着老读者的渐次逝去和退出,发行量下降甚至难以为继将是不可避免的问题。其二,新的传媒手段的冲击。世界范围内传媒技术手段不断发展和完善,技术创新的周期越来越短,以电视、网络等媒介的出现,不断挤压着画报的生存空间,也为画报的发展提出新的要求。要求画报必须选择能够吸引读者而又适于画报表现的主题,为了满足读者的需要,画报的分化成为一种必然。画报的分化是在计划经济向市场经济过的背景下,应对竞争、寻找生存之路的无奈选择。

(二)分化后的格局

受经济转型和财政改革的影响,画报分化后大致呈现出三种类型:一是以《人民画报》《解放军画报》和《民族画报》为代表的中央级或全国级政治刊物。由于这些报社还属于全额拨款的事业单位,没有生存竞争压力,因此,没有确立以市场为导向的企业化经营和运作模式。二是以各地方画报为代表的综合性画报。20世纪50年代诞生的数十家省级地方画报,在财政改革之后,这些单位大多成为介于事业单位和企业之间的差额拨款单位,不能完全地面向市场,但又面临生存竞争,因此只有把政治、新闻、艺术和娱乐等多方面内容融于一体,以满足不同读者的要求。三是以《城市画报》为代表的面向市场的消费类杂志。这类画报完全以市场为导向,以企业的经营和运作方式寻求新的生长点。

三、《城市画报》的转型与调整

(一)《城市画报》的二次定位

1958年创刊的《广东画报》是《城市画报》的前身,原本属于数十家地方画报之一种,为扭转连年亏损的局面,于1999年改版为专门针对都市青年的时尚生活刊物——《城市画报》,改版前的定位是对外宣传广东。1999年改版为《城市画报》后,进行了重新定位。

1. 定位与调整

自1999年10月起《广东画报》正式更名为《城市画报》,先是定位于"带给你一个全资讯的广州",在2000年的4月,重新定位为"新生活的传播者"。在不到一年的时间里进行了两次大调整,从内容、栏目到定位都一直处在转型、调整中。因此,《城市画报》在消费者和广告客户的心目中,其品牌定位和品牌形象都比较模糊。但是,在2003年1月,《城市画报》的定位再次调整为"新生活的引领者"。[①] 内容更偏向于内心,特别是核心消费群——新兴中产阶层那种微妙的情绪。中国新兴中产阶层生活在全国大中城市,年龄在25-35岁之间,以白领及专业人士为主,与上网、泡吧的人群比较接近。他们的政治信仰模糊,关心自我的生存状态,积极追求,但没有长远的目标,关心具体问题的解决多于远大目标的达成,追求个性,对生活的理解比较个人化,注重享受,注重生活质量,是新生活主义者。《城市画报》就是以求新、开放、快乐的观点去探求和引领城市新兴中产阶层的生活方式,让读者从中发现获得生活之乐的不同方式,并直接体验到生活中的快乐情绪。《城市画报》的定位决定了其创意不是传达信息,而是感受情绪。

2. 核心定位的形成

《城市画报》最核心的定位就是"生活",虽然经过后两次的调整,从"新生活的传播者"到"新生活的引领者",但其定位始终没有放弃对城市生活的挖掘,其定位要传播的概念就是"新生活主义",广告语正是被多次引用的"你快乐吗?"新生活主义者从各种生活体验中体验

---

① 张志安、柳剑能:《〈城市画报〉:CI策略领衔品牌营销》,《传媒观察》,2006年第3期,25页。

快乐的情绪。《城市画报》正是这样一个界面,把都市人品味生活的快乐真实呈现。其最核心的定位的形成,是在转型之后,经过多次的定位调整,最终形成的办刊方向。

(二)营销策略的转型

1.《城市画报》的新理念

转型后的《城市画报》有个理念:不是单纯做一本杂志,而是要做年轻人文化的表率,要做一个文化渗透者。正是这种理念打造了"快乐"的《城市画报》。这一理念是与杂志定位的准确契合。20世纪70年代左右出生的这代人日益成为社会的主流人群,他们对生活的追求非常有个性,而且消费力旺盛,《城市画报》把读者群锁定在城市年轻人身上,并以文化的方式引领都市新生活。这一新的办刊理念引领了杂志营销策略的转型,以市场为导向的营销策略才能得以运用。

2.《城市画报》的营销策略

在新的办刊理念的引导下,《城市画报》完全以市场为导向,制定了新的营销策略,运用市场营销中的4ps理论组织传媒运营中的各要素,是其面对同质竞争而得以胜出的有效策略。

(1)以满足读者需求为导向的产品供给

起初,生活资讯类杂志在全国是一个极大的空档,改版后的《城市画报》以提供生活资讯,打造优质城市生活为定位,主要为20世纪70年代左右出生的这代人日益成为社会的主流人群提供产品。《城市画报》打出的广告口号是"带给你一个全资讯的广州",在广州一炮而红,发行起点是3万多份,第二期销量近4万本。当杂志向北京、上海、成都等城市进行试探性投放后,获得的反馈是《画报》中当地的资讯不多,对读者缺乏吸引力。于是,《画报》尝试在杂志中做刊中刊《城市32》,主要介绍北京、上海、广州等大城市的生活资讯,当地发行很快就跟了上来。

作为休闲类杂志,好看和有用是《城市画报》的办刊理念,并且也一直在朝这个方向努力。《城市画报》在内容的采编上力求做到与众不同,从选题,写作风格,到封面图片"宠儿"专题的拍摄,有很多既拉近与读者的距离又颇显时尚的元素。

(2)以读者利益为中心的定价原则

《城市画报》在定价原则上和可口可乐营销中的3A理论比较吻合①,也就是在定价时以读者能够接受的价格范围(Acceptable)为考量。在1999年,我国整个杂志市场的广告投放额仅占总量的1%左右,而在市场经济成熟的发达国家,杂志广告投放额一般占总广告投放量的15%~20%,因此,《城市画报》对未来的杂志广告增长做出了乐观预期,创刊之初,就把运营目标锁定在广告上,而不是发行。

从这个策略出发,《城市画报》在杂志定价上做了让步,把从广告商那里获得的经济利益以低价出售杂志的方式部分让渡给了读者。传统杂志的定价方法是以成本核算价格,将办公、印刷、发行推广、人力等费用加起来,平摊到预定的发行量里,考虑赢利目标,然后制订价格。而《城市画报》在制定价格时,首要考虑的并非成本,而是读者的接受度。原来的《广东画报》是10元一本,68页,铜版纸印刷,杂志改版时预计要出一本全彩、80页的双周刊,以消费者的可接受程度为定价策略,最终定价为5元。

《城市画报》走入了良性循环的道路,价格控制在读者可以接受的范围内,读者就不会因为价格因素而流失,广告商看好的是相对稳定的读者群,这样广告商也不会流失,价格部分的部分亏损依靠广告收

---

① 3A理论是可口可乐早期的营销思路。所谓3A指的是让消费者在购买可口可乐产品时,买得到(Available,主要就是渠道的问题,尽量保证即使在小地方也能买到)、买得起(Acceptable,制定适中的价格)、乐得买(Affordable,能传递美国文化,让人乐于接受)。

入弥补。

（3）依托现有渠道逐步覆盖全国的分销方式

在杂志的分销上，建立新的销售渠道和网络是一笔不小的投入，《城市画报》是从属于报业集团的媒体，可以依靠报社的发行网络。《城市画报》启动时资金非常少，在预算约束下，初期的市场策略只能选择广州作为第一个市场。因为南方日报报业集团在广东省内有发行网络，所以《城市画报》先依托集团发行网络，把有渠道资源的市场做起来，然后再把渠道扩展到全国各主要城市。

在建立销售网络的同时，《城市画报》还考虑到特殊场所的覆盖问题。报社在北京、上海、广州设置了自己的投递人员，在依靠期刊发行二渠道之外，还把杂志直接放到宾馆、酒吧、会所、连锁餐厅、生活小区，实行赠刊，赠刊是采用旧刊，这样不仅扩大了分销渠道，还通过消化旧刊推广了品牌。

（4）全方位、立体化传播的促销方式

为了形成读者的持续购买和忠诚度，聚拢目标读者群，《城市画报》选择了"品牌"促销策略。创刊初期，报社把投资的30%投入到市场推广中，选择广州三个商业最繁华的地段进行了大量的商业推广"现场秀"，依托南方日报报业集团所有的传媒进行立体式推广，同时还利用广州的路牌广告和电视广告进行全面的品牌打造。

《城市画报》把"快乐"作为行销诉求。因为《城市画报》本身秉承的理念就是快乐，而快乐又是30岁左右的年轻人的核心生活价值观，画报就是要通过这个主题诉求吸引到自己的目标读者。要把《城市画报》推广成为一份有影响力的生活资讯类杂志，报社采取了两种策略：第一是制造轰动效应。比如在全国都很有影响的"杜蕾丝"风波，引起各大媒体对此话题的炒作和讨论，给《城市画报》做了最好的广告。第二是针对读者的促销。促销主要有两个手段，一个是奖励；二是关系营销,要读者长期把画报当作购买的首选,必须拉近与读者的关系,增强读者对品牌的认可度和忠诚度。报社选择在圣诞、新年、情人节搞各种活动,尤其是报社与很多年轻人用的品牌商合作开展活动,比如与达能、GUESS、佳能、可采等联合举办PARTY。这些做法都有利于圈定读者群,既加强了与读者的互动,又汇聚了杂志的人气,使杂志的理念得以生动地传播出来。

(三)编辑风格的转型

1. 栏目设置与选题策划

《城市画报》的栏目设置和选题策划以提高读者的参与度和认同感为原则。改版后的《城市画报》无论从选题到报道形式都相当的自由,这秉承了"用知觉办刊"的主题思想,这种不需要逻辑,只依靠感觉思维释放的编辑风格暗合了新时代成长起来的都市青年的心理。他们抵制权威的束缚,宣扬个性、自由与个人体验。因此,刊物"不讲逻辑"的编辑风格之后是有一个逻辑支持——那就是加强读者的参与度与认同感。《城市画报》的选题策划突出了独特性与现代性,更加靠近都市新生活的核心,把所有的力量以一种情调分摊开来,经常追逐城市中迷离与边缘人群和艺术先锋的行为,这种栏目策划与设置多了几分轻松与诱惑,同时也许暗示了这一群体灵魂深处的某种状态,尽力打造其引领都市新生活的姿态。

2. 行为与图片

图文风格与生活态度密切相关,《城市画报》决心以直觉作为基本的风格,以新生活的内容为切入点,这也就决定了在风格与内容的规范下的语言与图片的风格,《城市画报》不仅把时尚作为内容,也将其融入行文与图片之中,注重对私人体验的发掘与刻镂,摒弃了传统媒体的舆论监督者的角色和时政新闻类媒体中立者的角色,在记录与评价中大量书写情绪与感觉,从而在行文风格上保持了与时尚语言风格的一致。

从图片风格来看,《城市画报》的插图和照片非常注重对细节和瞬间的把握与控制,不再追求一般时尚杂志中多见的一味美感,人物表情大多显得桀骜不驯,这在封面图片中就有明显表现,封面的风格也经历了从美女到《宠儿》的摸索过程。

四、地方画报分化与转型中存在的问题与对策

面对杂志、期刊同质化的竞争,《城市画报》的转型为其他画报提供了诸多可借鉴的元素,各地的画报也纷纷开始走向转型,从趋同的历史中逐步走向分化。但是,受目前的宏观经济政策和报社本身实际情况的影响,地方画报在分化与转型中存在诸多的问题,主要表现在以下三个方面:

(一)转型中的道路选择问题

在诸多问题中最主要的是道路选择问题,目前大多数地方画报仍处于财政支持和市场化的夹缝中,差额拨款使其不能像《人民画报》那样按照以往的发展模式走事业单位的道路,也没有能力像《城市画报》一样完全走向市场,因此,面对生存竞争,在转型的过程中绝大多数地方画报难以寻找一条有效的发展途径。没有明确的发展道路,只能走综合性的路线,不能完全脱离政治,又迈不进市场;既不能完全依赖广告收益,也不可能依赖发行,处在夹缝中的画报很难形成准确的市场定位,也无法聚拢目标群体。这种半计划半市场的状态不仅影响了报社的运营,更重要的是制约了经营的理念,从而在单位内部形成了较为僵化的机制。

(二)低水平的同质竞争现象严重

在画报转型的趋势下,各地画报多在积极地探索发展道路,但是这种探索大多局限于在政府支持和市场竞争之间寻找第三条道路,这一模式使其在杂志的定位方面缺乏明确性,各地的画报风格和内容大致趋同,难以走出区域市场,在全国范围内实现发行。另一方面,画报在行业内部也表现出低水平竞争的态势,尤其是在办刊理念上缺乏独特性,与其他刊物一样难以找到新的突破口。

(三)应对新传媒手段冲击的能力较低

技术创新给画报带来的巨大冲击,胶卷、传统相机及数码相机的普及,互联网的无限延伸和数码技术的日新月异,图片拍摄、处理、传输、存储手段的更新,图片获取渠道的多样与便捷,图片资源的极大丰富和广泛使用,促使了"读图时代"的到来,画报图片的独家性已不复存在。大量媒体纷纷侵入了原本只属于画报的领地,报纸的头版头条已经开始以"图片新闻"的形式出现,或配发大幅图片,以图片为主的画报大多已失去了个性鲜明的特征。画报的图片优势受到了前所未有的威胁和削弱,画报的生存空间受到了空前的挤压,画报的发行量、影响力也就难免急剧下降了,而在这些冲击之下,画报却缺乏有效的应对措施。

要解决地方画报转型中的种种问题,对于大多数画报来说,首先是要寻找一条适合自己的发展道路。在现有的宏观经济政策的影响下,像《人民画报》、《解放军画报》这样的发展模式对地方性的画报来说已是不可选择的道路,因为财政支持的力度逐渐削弱,走向市场是不可阻挡的趋势。《城市画报》成功的市场化运作为其提供了很好的经验,但是,这又并非一种可以完全模仿的模式,也不是一种值得盲目推广的模式,否则会形成再次趋同的局面。因此,正确道路的选择是在现实实践中不断探索的过程,是继承与创新的平衡过程。《城市画报》的探索和成功只是为其提供了一种寻求变革和突破的精神。

其次,要走出低水平的同质竞争,重要的是改变传统的办刊理念,确立个性鲜明的风格和定位,在塑造价值取向、契合独特群体生活方式的同时锁定目标群体。随着经济的发展,社会逐渐走向分化,一些阶层的生活方式正在潜移默化地发生着改变。因此,在寻找合适的生存空间的同时,应该意识到一些独特群体的存在。像《城市画报》那样竭力满足"小资"追求优质生活的欲望,引领其在财富与欲望之间取得平衡,向其传播快乐至上的价值取向,便是锁定目标受众的有益探索。

再次,在应对"读图时代"所带来的冲击时,保持刊物鲜明的特点和风格最为重要。《城市画报》的成功在于其形成了独特的风格。在这个图片充斥的时代,画报的图片优势受到了前所未有的威胁和削弱,而要自如地应对这一冲击,以真正具有冲击力或耐人寻味的图片打造鲜明个性非常重要,《城市画报》对插图和照片细节和瞬间的控制就是非常成功的例子。

五、结论:由整合到新生

为了应对市场竞争,全国地方画报都对以前的计划模式作了调整,逐渐开始转型,但是,从转型的效果来看,转型后的地方画报大多没有形成鲜明的特性,只是表面运作模式的转变而已。而在新的传媒技术手段的冲击之下,对方画报的生存就需要依赖于整个行业的真正转型,从分化走向整合才是转型的根本途径,因为任何一个报社的单独转型与调整,都无法应对这一全面性的冲击。并且,各地分而办刊的格局,在一定程度上是对资源的耗散,整合可以在打破区域之间竞争的同时实现规模经济。从某种程度上讲,整个传媒行业自由竞争阶段即将结束,因此,地方画报的分化,不是真正的转型,资源整合才是发展的新选择和新趋势。

第三节 学术期刊的经营发展策略

在市场经济和转企改制的背景下,学术期刊如何解决面临的困境,求得生存和发展,就成了一个大的问题和挑战。借鉴国外学术期刊的发展,我国的大部分学术期刊必须走市场竞争的道路,以赢利获得生存。本节从营销学4P理论和云出版两个视角出发探索学术期刊的经营发展策略。

一、营销学4P理论视域下的学术期刊经营策略

营销学中的4P理论,将营销要素归结四个基本策略的组合,即产品(Product)、价格(Price)、渠道(Place)、促销(Promotion),既重视产品本身又重视发行因素,恰恰为我国学术期刊的经营提供了有益的借鉴。

(一)产品(Product):做有特色、拥有丰富高质量最新学术成果、包装精美的学术期刊

1. 打造特色栏目

学术期刊一定要有自己的特色,打造特色栏目就是一个突破点。学术期刊可以通过专题策划形成学术关注点,通过版式设计等形成期刊整体的风格特色。学术期刊要结合自身传统优势,发掘期刊所在单位和地域独特学术资源,通过学术前沿、研究趋势把栏目向于一两个优势学科,形成自己的学科优势,奠定期刊在某一学术领域的领先地位,从而带动和提升整个期刊的水平和影响力。

2. 刊发高质量的学术成果

高质量的学术成果是提升学术品味,扩大学术期刊社会影响的根

本,为此学术期刊应当想方设法发表具有新思想新探索新观点的文章。

其实,我国的学术期刊稿源是非常充足的。我国的高校学生基本上都要写论文,尤其是硕士生和博士生,毕业论文更是必不可少。据全国教育事业发展统计公报,1994 年我国招收硕士研究生硕士生 41718 人,到了 2012 年,全国硕士生招生达到 517200 人。从 1994 年到 2012 年,博士生招生从 9038 人增至 67216 人。① 高校学生尤其是研究生数量庞大越来越多,每年的学术成果就非常可观,另外我国有科技工作者七八十万人,更有大量的学术成果问世。如此充足的稿源必然会为学术期刊提供了相当数量的高质量学术成果。学术期刊要做的就是通过编辑人员和评审专家的慧眼,把高质量的成果挑选出来。

为了保证刊发学术成果的高质量,学术期刊应适当考虑文章作者在学术界的权威性与学位、职称等因素,可以考虑向一些专家、名教授、博导等约稿,这也是提高学术期刊知名度和社会影响力的重要方式。但是也不能过于迷恋名家,名家大多是站在很高的角度较全面的审视某个学科的问题,从大处着眼,较少研究具体的细微的科学问题,名家的稿件也同样具有局限性。所以也要重视挑选来自生产、科研、教学第一线作者的稿件,以学术成果的质量作为刊发与否的主要标准,而不是作者的地位、学位、职称及其单位的大小等因素。只有刊登大量的高质量的学术文章才能提升学术期刊社会影响力。

3. 刊发最新丰富的学术成果

学术期刊不仅要刊登高质量的学术成果,还要保证刊登的学术成果是最新的成果,只有成果新,才更具有学术价值。为了迅速及时的

---

① 熊丙奇:《扩招 11 倍的研究生教育何来质》,http://blog.sina.com.cn/s/blog_46cf47710102eb8h.html? tj = 1

刊登最新成果,有必要缩短学术期刊的出版周期。据统计,2009年我国学术期刊出版时滞最长可达757天,按学科统计的刊均最长时滞为13.5个月。出版周期的漫长,无形中削弱了学术成果的创新性和学术期刊的影响力,严重影响了我国科研转化的速度和效率。国外著名的学术期刊出版周期都很短,大多是周刊,审稿效率非常高。如Science非常重视时效,视效率为期刊的生命,每篇稿件从接收到发表周期一般在4周到5周,最短纪录24小时,最长4个半月。① 有鉴于此冯长根教授认为,我们必须千方百计地缩短出版周期……有条件的编辑部要办月刊、半月刊,甚至周刊。②

在缩短周期的同时,还要考虑扩大期刊容量,以满足广大读者对不同学术成果、学术信息的需要。我国的许多学术期刊,尤其是高校学报,大多是双月刊甚至季刊,月刊都不多。由于出版周期比较长,本来一年刊发的文章就很受限制,又由于页码较少,例如社科类的高校学报基本上每期只能刊登十几二十多篇文章,一年下来也就一百多篇。这样的期刊容量,不可能满足读者对于学生信息的多方面的大量需求,即使文章质量再高,由于容量有限也难有较大影响。为此,在缩短学术期刊的出版周期的同时,十分必要扩大学术期刊的容量。

4. 重视学术期刊的包装

市场经济条件下,学术期刊作为一种特殊的商品,也需要有精美的装帧设计,来提高期刊的品位,吸引读者的阅读兴趣,进而引发购买欲。

首先封面是期刊的门户,要做好设计包装。长期以来人们对于学

---

① 刘远颖、刘培一:《论学术期刊核心竞争力的提升》,《中国科技期刊研究》,2007年第2期,193页。
② 冯长根:《冯长根书记在中国科协期刊工作经验交流会上的讲话》。http://www.cess.org.cn/xhhx/2004_1_hy04.htm,2004-02-24/2006-07-22

术期刊,只重视刊登论文的质量而忽视外在的包装,导致当下的大部分学术期刊封面缺乏美感,呆板、单一。国外学术期刊一般重视封面的设计包装,如美国著名的期刊《JAMA》,每期在封面都会刊登精美的名画,并配有文字解说,从审美上吸引了读者,使本来比较枯燥的期刊变得高雅生动,无形中就增加了读者的阅读兴趣。

与此同时,刊物内部的版式设计也要重视。目录页也不能呆板单调,简单罗列一些提要。可以像国外学术期刊一样,尽量在目录页中反映出本期精华,以方便读者阅读。其实刊物内部版式的不同编排往往对读者的阅读起到潜移默化的作用。

(二)价格(Price):实行灵活价位策略,特别是低价策略,扩大市场占有率

学术期刊可以根据具体情况,采取灵活的多价位策略,比如低价策略,特价策略,差别价格策略,折价与让价策略等。在我国,学术期刊市场潜力巨大,实行正确的价位策略特别是低价策略,是扩大发行量迅速占有市场的有效手段之一。

学术期刊的作者和读者是重合的,折算起来我国学术期刊的潜在消费者数量非常可观,鉴于目前大多数学术期刊几百上千本的发行量,发行潜力巨大。目前学术期刊发行量低的原因是只开发了科研院所、图书馆等订购市场,而广大潜在的读者个体市场潜力没有开发出来。数量庞大的高校学生、科技工作者、高校教师、中小学教师目前大多只是去查阅所在单位的学术期刊。如果学术期刊的定价足够低廉,广大学术期刊的读者是愿意购买的。如果学术期刊的价位和报纸一样,相信广大读者会订购的;学术期刊如果能达到报纸的最低发行量,生存和发展也就不成为问题了。

可是,目前我国学术期刊的定价还是远远超过报纸的,据2011—2012年我国各类期刊的定价统计:综合类期刊的平均定价7.26元,哲

学、社会科学类期刊的平均定价5.51元,自然科学、技术类期刊的平均定价6.94元,文化、教育类期刊的平均定价10.11元,文学、艺术类期刊的平均定价6.98元,少儿期刊的平均定价6.47元,画刊的平均定价4.59元。[①] 这样的定价貌似不高,但是作为个人消费者,如果同时订购几份学术期刊,还是有些压力的,这就会迫使他放弃购买,转而去单位图书馆、资料室查阅。鉴于这种状况,学术期刊必须多种渠道增加收入,以降低期刊成本,实行低价策略。目前可以采用以下方式增加学术期刊的收入,降低期刊的成本:

1. 期刊发行费和收取审稿费、版面费

目前,学术期刊的主要收入有发行费、审稿费和版面费。由于发行量有限,发行费远远不足以支撑学术期刊的运行,大多还得依靠政府补贴和单位的财政支出。出于无奈之举,现在大多学术期刊都收取审稿费和版面费,虽然广受诟病,但也确实是筹集资金的一种方法,在学术期刊目前的窘境之下也不失为权宜之计,学术期刊经营状况好转之后可以逐步取消。

2. 强化广告经营,赚取广告费

学术期刊发行量小,一般认为商家不愿意投放广告,其实学术期刊的广告有其自身的优势:首先,学术期刊的读者明确,广告投放更具有针对性。其次,学术期刊的读者文化素质高,更具权威性。根据二级传播理论,他们易于作为意见领袖影响他人购买,实际上的影响力大。再次,学术期刊的广告时效长,反复传阅,影响范围较广。学术期刊进行广告经营,其实是大有作为的。国外学术期刊就有很多成功的经验,通过广告业务降低成本,提高稿酬吸引高质量论文,降低期刊价格以吸引订户,走上形成良性循环的轨道。如在欧美国家,几乎每种

[①] 赵彦华:《2011 - 2012年全国期刊业发展状况分析》,《出版发行研究》,2013年第1期,36页。

杂志均离不开广告。美国科技期刊经营总收入中大约70%来自广告，发行只占约30%；欧洲科技期刊经营总收入也有约60%来自广告，发行占40%。著名期刊Science和Nature，长期以来广告收入占刊物总收入的一半以上。① 其实，读者对于学术期刊中刊登一定页码的广告是接受的，尤其是封面部分是发布广告的黄金版面，国内学术期刊大多处于闲置状态，完全可以开发利用。另外也可以加入一些广告页码，充分开发学术期刊的广告潜力。

3. 积极组织发动社会募捐

在国内，捐款给教育事业、体育事业等已经是常见的现象，可是给学术期刊捐款的例子还很鲜见。其实学术期刊完全可以借鉴国外非营利组织的做法，以募捐作为获取资金、促进发展的手段。② 我们要转变观念，增强认识，要认识到学术研究对于思想发展、科技进步的重大作用，对于我们生存和发展的重大意义；也要认识到捐赠资金给公共事业、基础科学，是人生价值的体现，能够极大的提高企业和个人的知名度和美誉度，也能为企业和个人的发展创造良好的社会环境。只要组织得力，主动积极，宣传到位，相信会有有识之士和远见卓识的社会企业捐助学术期刊，促进学术事业发展的。

4. 与第三方合作，吸纳资金投入

要使学术期刊在市场竞争中获得有利地位，还需要积极主动，与社会中的其他组织展开合作。学术期刊可以成立期刊理事会、期刊委员会、编务委员会，设立协办单位、实行会员制等多种形式吸纳社会资金，提供相应的学术交流、继续教育、科研能力或科研设计培训等服务，收取会费，赠阅刊物，促进发展。

---

① 高峻璞：《科技期刊标准化、产业化、国际化发展方向》，《现代预防医学》，2006年第6期，858页。
② 孙志伟：《募捐：学术期刊的独特经营之路》，《编辑之友》，2007年第4期，62页。

还可以考虑与国外学术期刊进行合作,在法律许可的范围内,积极与国外出版出版商联合办刊,既可以吸纳国际资金,又可以直接获取和采用国际学术期刊成功的经营管理经验,一举两得。

(三)渠道(Place):采用多种发行形式,方便读者的购买和使用

学术期刊作为商品,也要尽可能地使消费者能够方便快捷的获得,为此要尽可能的开拓发行渠道,采用多种发行和销售方式。一般来说,现阶段可采用的发行和销售方式主要有以下几种:

一是邮局发行。这是传统的发行模式常见的科研院所、图书馆资料室一般采用这样方式,采用这种方式学术期刊可以起到稳定发行量的目的。

二是自办发行。学术期刊可以想方设法自身进行组织发行,如零售发行、代理发行、会员制发行、捆绑式发行等。另外可以酌情进行单行本销售、增刊销售、光盘版销售等方式。

三是网络发行。学术期刊可以建立网络平台,把学术期刊搬到网上,通过期刊与网站的结合,进行全方位的学术传播。同时在网站上可以开发学术期刊的电子杂志,为读者提供阅读和下载服务。这样既扩大了学术期刊的阅读人数,也扩大了发行规模。

四是数据库发行。学术期刊可以将自己的学术成果制成数据库,结合自己的网络平台进行发行,方便读者查阅。也可以与知名的专业数据库进行合作实施文献开发。目前大多数学术期刊都是与同方、维普、万方等数据库进行合作,加入这些影响广泛的数据库。这种做法很好地扩大了学术期刊的影响,提高了学术成果的利用率,但是合作中学术期刊要加强维权力度、形成合理的利益分配格局,以改变目前数据库发行状况良好而学术期刊却处基本没什么经济效益的尴尬处境。

(四)促销(Promotion):通过广告和组织专题活动等形式扩大发行量、提高影响力

对于学术期刊来说,促销主要是发行市场和广告市场的促销。学术期刊的促销可以采用传统的方式,如买一赠一,在同等情况下提供参与学术会议、发表论文的便利等,或者采取免费赠刊或受控发行的模式。也可以采用广告的形式,学术期刊刊登广告获取经营收入的现象现在已经较为常见,可是学术期刊自己做广告,通过做广告的形式去扩大销售却极为罕见。其实,学术期刊作为商品,完全可以像一般的商品一样做广告进行销售。

学术期刊的促销还可以采用公共关系的形式,增强和读者的沟通和交流,达到扩大知名度和美誉度的目的,为学术期刊的长远发展创造良好的生存环境。例如可以通过电子邮件、微博和 QQ 等工具与读者交流互动,这样既可以增进了解,培育核心作者和读者,还可以了解到他们对期刊的意见和建议,有利于学术期刊的长远发展。学术期刊还可以根据自身情况,通过组织活动来扩大知名度,增加社会影响。如可以适时组织召开学术会议,开展技术培训,举办学术论坛等形式,既可增加学术期刊的经营收益,又扩大组织的社会影响。

二、云出版背景下学术期刊发展策略

随着解决诸多数字出版问题的整体解决方案的云出版的出现,立即受到业界和学界的关注,数字出版进入到了云出版时代。在云出版时代,作为占据期刊行业大半江山的学术期刊应当如何面对云出版带来的机遇和挑战,应该采取怎样的措施来应对?本书试图解决这一问题。

(一) 云出版为学术期刊带来的发展机遇

1. 云出版的内涵

"云出版"是2011年开始流行的一个热门概念,由刘成勇先生最先提出。云出版是在云计算技术的基础上发展而来的一种数字出版,是数字出版发展的一个新的阶段。云出版借助于云计算技术将网络上的大量的资源进行聚合整理,向用户服务,按需索取按量计费①。云出版在形式上就是一个平台②,链接了出版业中创作、编辑、审核、出版、发行、购买和阅读各个要素,让各个环节都参与其中,享受云平台的服务。云出版打通了出版行业的产业链,使得各自为政的出版各环节能够协调沟通,连通上游和下游,从而激活了整个出版行业。完整的云出版有出版内容、出版技术、出版渠道和出版服务等方面组成,具有效率高、超越时空的特点,注重用户体验,核心在于共享。

2. 云出版为学术期刊带来的发展机遇

云出版是解决出版行业数字化程度低,系统重复建设,模式单一,资源浪费,盈利能力缺乏等诸多难题的一个整体方案,是数字出版发展的趋势和未来。云出版的出现对于学术期刊来说,无疑带来了巨大的发展机遇。

(1) 云出版聚合学术资源,注重分享,打通出版产业链,有利于学术期刊的数字化

长期以来,学术期刊的内容提供、采编、发行、管理等各个环节和要素各行其是,各自为政,成为期刊发展的瓶颈。云出版平台的建设就能把各个环节打通,形成完整的产业链。目前我国已经建成的云平台主要有:方正Apabi、天闻数媒科技有限公司、中国知网CNKI、天津国

---

① 刘成勇:《关注"云出版"》,《出版参考》,2010年第21期,1页。
② 李娟:《论云出版的内涵及其运营保障》,《中国传媒科技》,2012年第24期,7-8页。

家数字出版基地、中南数字出版基地番薯网、盛大文学等。这些平台或者为用户提供技术服务,或者利用技术研发移动阅读终端,或者建立数字图书馆提供学术文化资源;或者提供托管服务器、租用空间等业务;或者试图打通产业链,提供内容、渠道和终端,不一而足,各有特色和专长。云出版平台可以实现学术期刊出版产业链中的编辑、出版、经营与平台、物流、渠道建设的全面对接,能有效地聚合各类零散、碎片化的学术资源,随时掌握彼此的信息,随时共享资源。这些云出版平台将整个产业打通,形成合力,将为学术期刊的发展奠定良好的基础。

(2)云出版使学术期刊减少投入、提高效率,降低了数字化的技术障碍

科技是社会发展重要动力,对于学术期刊的数字化来说,数字化技术甚至是关键,但是作为传统资源内容的提供者,学术期刊社在技术的研发和应用方面一直非常被动,技术成为学术期刊数字化道路上主要障碍。云出版平台的建设,提供了技术支持和服务,工作人员无须复杂的训练就能运用,对终端设备的要求也不高,期刊社现有的设备就能直接运用,大大降低了对工作人员技术的要求。

大量的学术期刊加入到云出版平台,资源和管理的集约化能极大地降低运营成本。学术期刊与数字运营商、购买者均可在平台上实现信息沟通、进行交易,资源按需提供,按使用付费,也将大为减少学术期刊的成本①。

在节约成本的同时,学术期刊编辑出版的效率却提高了。在云出版平台上作者信息、内容资源、前沿动态等都可随时获取,借助云平台可以辨识学术不端行为,可以在平台上进行编辑加工,可以在平台上的处理中心自动生成多种媒体形式多种发行渠道需要的产品。

---

① 吴鸣谦、孙守增:《云出版时代科技期刊数字化的机遇与挑战》,《科技与出版》,2013年第8期,104页。

(3)云出版确立了学术期刊社在出版产业中的主导地位

在云出版环境下,平台运营商进行平台的建设和维护,只是通过云平台把出版产业中的各个环节如编辑、出版、经营、物流和渠道等全面对接,并不参与期刊社经营自己的业务。学术期刊可以借助于云平台,自主进行期刊的采编审发和管理,所有的环节学术期刊都可以一站式完成。在云平台上,期刊社可以采编审稿,可以发布电子期刊,可以网上销售,可以进行结算,这样学术期刊社无形中就可以把出版全流程尽在自己的掌握之中,既是内容提供商又是经销商,确立了期刊社在出版产业中的主导地位。

(二)云出版背景下的学术期刊发展策略

1. 期刊工作要做到全程数字化

云出版时代云平台把出版产业链的各个环节连接在一起,其中学术期刊社本身也是一个流程,要做到期刊工作的高效率,也需要学术期刊社要实现期刊工作采编审发管全方位全流程的数字化。特别要注重以下几个方面:(1)期刊社政务管理数字化 就是常说的办公自动化。现在的学术期刊社基本上都具备实现的设备,可以做到办公的无纸化、移动中办公、网络沟通协同办公。加入云平台后也可以通过利用其平台系统来实现管理的数字化。(2)采编流程数字化 学术期刊社在实现数字化转型的过程中,更多注意改进提升的就是采编的数字化。期刊社大多采用的采编系统是"在线投稿系统",可以实现作者投稿、专家审稿、编辑审稿、编辑交流、编辑信息发布、稿件信息统计以及稿件采用状况查询等在线功能。这些功能在云平台上也能实现,而且功能更强大。(3)信息交流的数字化 学术期刊社可以通过加入云平台或者自己搭建的交流互动平台,通过 QQ、MSN、微信等即时通讯软件实现图像、资料、数据等在编辑、作者、审稿专家、读者等相互之间的随时交流沟通。(4)发行销售的数字化 学术期刊在发行销售时,要在原来邮发的基础上更多地采用数据库发行、自有网站发行,也可以建立电子商务平台或者借助文化类购物网站实现销售的数字化、支付的数字化①。加入或租用云平台后,这些功能更能聚合在一起综合使用。

2. 开发提供多种渠道、多种形式的数字产品

云出版环境下,云平台整合打通了出版产业链,但云出版重在出版而不是技术,把多种形式和各个出版社丰富的内容资源整合聚集起来,使用者按需购买按量付费。所以在云出版时代,仍然是内容为王,不仅体现为生产优质产品,更体现为优质内容资源的占有和整合。作为学术期刊社首先要生产制作优质的符合统一标准的产品,提升核心竞争力是其发展的根本所在。

(1) 做出特色,避免同质化　学术期刊要提供优质有特色的内容,避免同质化。尤其不能像大部分高校学报一样大而全,各个专业栏目具备,内容编辑发行等方面做法雷同。做出特色重要的是发挥自己所长,或者是自己的强势专业实力雄厚,或者发挥区位优势做好地方科技文化,或者利用自己的先进渠道及时发布前沿科研成果和动态;做好定位,掌握受众群体的兴趣爱好、特定需求,用优质内容和良好服务固化和开拓期刊消费市场。

(2) 产品要符合标准规范　学术期刊是否标准化也是衡量其质量高低的重要因素,尤其是在云出版环境下。云出版将大量的碎片化的学术资源进行集聚整合时需要统一的规范,这样才能提高整合转化的效率,才能达到共享的效果。现有的学术期刊在封面目次、摘要关键词撰写、参考文献标注等方面或多或少存在一些问题,需要按照通用的标准进行规范和统一。

(3) 产品要尽可能形式多样　在数字化的时代,人们的阅读方式

---

① 张诚:《加快期刊云建设　推进出版业转型》,《中国科技期刊研究》,2012年第6期,1034页。

在改变,往往通过手机、电脑、电视、平板灯终端设备获取阅读资源。学术期刊也要适应这种形式,把自己的信息资源尽可能的制成文字、图像、音频、视频的形式,制成互联网期刊、多媒体互动期刊、电子图书、原创电子书、手机出版物等,形式多样,内容海量,这样才能满足人们多层阅读的需求。

3. 提供多种样式、个性化的服务

传统的纸质图书阅读,并不考虑用户体验。但是在云出版环境下读者更多通过终端阅读,客观上要求期刊在考虑提供优质内容的同时,还得顾及用户的体验和感受,通过调查认识和了解受众以做到有针对性的提供产品和服务。

私人订制、随时获取。用户在阅读时有不同的习惯,使用不同的终端进行阅读,学术期刊要开发适应网络、手机、平板、阅读器等的不同形态的文字、图片和视频产品,以便不同的受众进行选择。借助于云出版的云储存功能,将大量的学术资源和信息存储在网络服务器上,让读者可以随时访问、随时阅读。要提供便利的私人订制功能,让用户能够随时随地获取自己所需的学术资源和最新动态。

检索服务,注重体验。学术期刊的专业性决定了受众群体使用指向明确,在自己的网站或者参与的云平台一定要采用多样化功能各异的检索服务,以满足用户特定指向的需求。另一方面要更加注重读者体验,通过模仿纸质阅读,给人以温馨的氛围。学术期刊云平台可以从阅读功能不同设置、读者个人信息的管理和社群化阅读三个方面向读者提供全方位的个性化阅读服务①。

4. 积极探索盈利模式

学术期刊的专业性和用户的规模有限决定了其在盈利方面一直是

---

① 朱嘉蕊、刘锦宏、李弘:《面向读者的云出版服务模式研究》,《出版科学》,2014年第3期,82页。

个弱项,没能找到很好的盈利模式。在云出版环境下,学术期刊在坚持以往经营获取收入的同时,可以借鉴谷歌、苹果、亚马逊、盛大、百度、知网等网络公司盈利的模式,积极探索期刊业发展的多点支撑赢利模式。

(1)内容盈利　学术期刊一向是学术资源的内容提供者,靠提供优质的内容获取收入。纸质期刊发行收入、自建网站发行收入、与数据库的合作分成是其主要组成。在云出版环节下,内容盈利也是学术期刊得以生存的重要经济来源。学术期刊要和云平台上参与产业链的各环节确立好分成比例,通过电子结算和提成系统,自动进行分成,既保证了结算的透明性,又可以赢得各方信任①。

(2)广告盈利　广告盈利也是学术期刊的重要来源,欧美国家以《自然》、《科学》为代表的学术期刊,刊登广告是再正常不过的现象,广告收入占其年度营业总收入的一半以上。我国的学术期刊刊登广告的还不是很多,广告盈利所占比例较小。学术期刊要转变观念,在广告业务上下功夫。纸质期刊的扉页、夹页都可以刊登与用户相匹配的广告,自建网站以及云平台学术期刊自己的系统和页面上也能悬挂广告。学术期刊和学术期刊的读者由于其专业性、权威性,在广告传播中能发挥意见领袖的作用,广告效果是很好的。新闻出版行业广告业务一向是财政收入的主要来源,学术期刊亟需大力拓展。

(3)服务盈利　学术期刊由于其专业性、权威性,通过整合、挖掘学术资源和分析、了解用户需求,既可以更精准地为客户服务,获得更高的收益。组织活动、提供的服务主要包括以下形式:①组织会议、展览会。利用学术期刊的影响力和在学术界的广泛人脉组织学术会议和研讨会,进行会议营销和经营。举办组织自己或其他组织或学术名人的学术成果展,进行会展传播。②开展技能培训。充分发挥学术期

---

① 彭绍明:《云出版:数字出版发展的整体方案》,《出版发行研究》,2012年第2期,12页。

刊在专业上的权威性,发挥专业优势,组织专业技能的培训和认证资格证书的考前培训。③举办学术论坛。学术期刊可以自己或者与其他组织联合就一些有关科技前沿、最新学术成果以及人们普遍关心的各类专题问题举办论坛进行讨论,既可以扩大学术期刊的知名度影响力,又能获取经济利益。④策划教材专著。发挥学术期刊的学术资源与学科影响力,组织策划出版系列高质量的学术著作与专业教材,可以做到社会效益与经济效益共赢①。通过认真分析针对客户提供优质有益的服务,学术期刊不仅可以扩大社会影响力,还能获取可观的经济效益。

三、结语

学术期刊是我国期刊的重要组成部分,长期以来存在内容资源难整合、标准不统一、长期亏损等困境,营销学 4P 理论和云出版的出现为解决学术期刊发展长期存在问题提供了重要途径。

营销学中的 4P 理论,为我国学术期刊的经营提供了有益的启示。在市场经济的背景下,学术期刊也是商品,生产就是为了销售。学术期刊必须转变观念,树立和强化经营本位的理念,把出版工作的重心从编辑转到营销部门,要学术和效益并举,不但要追求期刊的高质量,而且要追求高效益。

云出版为学术期刊的发展提供了良好的机遇,为学术期刊打通了出版发行的产业链,有利于学术期刊在出版各环节中发挥主导作用。学术期刊要积极参与到云出版平台中,提高效率和数字化水平,提供优质符合标准的学术内容,开发多种渠道各种样式的数字产品,以个性化的服务和对商业模式的积极探索为其在数字化转型和激烈的市场竞争中占据一席之地奠定基础。

---

① 周华清:《品牌——国内学术期刊发展的方向》,《北京社会科学》,2011 年第 4 期,81 页。

第三章

电视节目发展策略

第一节 电视节目发展概论

随着数字技术、网络技术、通信技术的发展,交互式电视、网络电视、手机电视、移动电视、户外大屏等新媒体样式相继出现,这些新兴媒体以其数字化、互动性、个性化、主动性等特点,满足了受众日益多元化的需求,同时也对传统电视媒体的传播模式造成了巨大冲击。

一、电视节目发展面临的问题

1. 相比新媒体,电视的内容比较封闭,时效性较差

电视媒体拥有严格的流程管理体系,相较于现代的网络化应用,在突发重大事件时,报道缺乏个性化和时效性。人们可以通过手机随时随地地发放新闻,例如甘肃玉树地震,网民通过互联网第一时间了解了地震以及灾民的状况。人们可以在网上畅所欲言,发表自己的观点,提出自己的意见,这种平民化的交流平台非常便捷。而电视媒体受一套完备的审核制度的约束,还要安排特定的时间播出,无论是在

时间上还是互动性上都不及新媒体。

2. 电视节目的"泛娱乐化"现象

所谓"泛娱乐化"现象,指的是电视媒体制作、播出的格调不高的娱乐类、选秀类节目过多,人为制造笑料、噱头、"恶搞"、"戏说"过滥,连新闻、社教类节目也掺进"娱乐"元素,甚至用打情骂俏、大话"性感"、卖弄色相的情节和画面来取悦观众。①

二、媒介融合时代的电视节目发展策略

(一)顺应媒体融合趋势,创新节目形态

随着网络化技术的发展,在电视媒体中应用新技术势在必行。一要逐步加强电视媒体同网络媒体的结合和互动,积极建设电视的网络资源平台,让人们能够直接在网上观看自己喜欢的节目;二要积极扩展节目内容的广度和深度,从而保持收视率和影响力;三要加强主持人同观众的联系和互动,很多电视节目都会现场邀请一些观众上台和嘉宾以及主持人互动,增进与观众的沟通与交流。

电视节目的形态是指与电视内容相对应的电视节目表现形式。电视栏目可以以电视媒体为传播平台,以电视的表现形式来承载其他媒体形态的资源。② 通过对两个或多个不同媒体形式的结合,嫁接出新的电视栏目形态。报纸、广播、博客、微博、电子杂志等都可以融入电视节目中去。在电视新闻节目中,可融入多时空的专家连线,解读报纸、网络等各类媒体对同一事件的看法,甚至加入虚拟主持人等方式,丰富观众的视听,增加同一时间内新闻传播的信息量,让节目更具有可看性。

---

① 刘景泰、洪兵:《电视节目"泛娱乐化"的成因和对策研究》,《经济研究导刊》,2009年第11期,206页。
② 杨萌:《论媒介融合环境下的电视节目创新》,《新闻传播》,2012年第3期,103页。

（二）坚守品味，丰富节目内涵，提升节目质量

大众传播媒介向社会提供众多的娱乐产品，这是当代社会文化方面的一个现实。但电视娱乐节目更要坚守电视的文化品格，坚守娱乐底线，致力于提升电视娱乐节目的品质和品位，做到"不肤浅、不流俗，有深度，有品位"。

在娱乐节目中"以人为本"，真正尊重受众，为受众着想，致力于满足受众的心理和审美需求，制作一些内涵丰富的电视节目。在当下消费主义盛行、电视庸俗化日趋严重的语境中，电视娱乐传播只有不断创新传播策略，从追求"快感"迈向追求"美感"，致力打造富有品格内涵的"绿色娱乐"，才能开拓新的生存发展空间。

（三）打造电视节目的个性化，构建节目的品牌体系

现在，电视节目粗制滥造以及一窝蜂现象逐渐增多，要想突破这个局面就必须不断创造电视媒体的个性化，这也是吸引观众眼球以及避免观众视觉疲劳的重要手段。

电视媒体想要在竞争中脱颖而出，就必须不断地建立自己的品牌特色。首先，电视媒体和电视节目需要准确定位。同时节目主持人也是节目品牌的要素，更有甚者，一个主持人就是一个王牌，影响着整个节目的运营和发展。湖南卫视的"快乐家族"以及"天天兄弟"更是已经成为电视明星，在电视剧以及电影中都有参演，无形中不断增加了主持人的人气，提高了节目的关注度和收视率。

第二节 主流电视新闻节目发展策略

这里所说的"主流电视新闻节目"指的是以中央电视台《新闻联播》、各省新闻联播、各地各县新闻命名的新闻节目，节目宗旨"宣传党

和政府的声音,传播天下大事"为宗旨的新闻节目,党和政府的方针政策、党和国家领导人、地方领导人的活动、党和政府领导下取得的建设成就等内容作为报道的重点。本节以中央电视台《新闻联播》为例探讨主流电视新闻节目的发展路径和策略。

一、抽样统计情况

《新闻联播》作为央视新闻的核心节目,作为党和政府的喉舌,积极传递党和政府的形象,有效宣传国家主导的意识形态,成为"联播体"的典范。由于中国是一党专政的社会主义国家,由中国共产党领导,所以我们可以从共产党领导下的中国社会概况和国际局势来了解中国共产党的形象。也就是说,我们可以从《新闻联播》播报内容的主题、倾向性、条数等方面来看《新闻联播》节目塑造了怎样的党组织形象。

本次研究以如下一个月为研究对象:2013年1月3日至31日,以下简称为样本。抽取样本前,首先明确抽取原则:(1)通过探究最近一段时间内新闻联播的内容来看党形象的塑造;(2)重点研究常态(无重要会议、节日)下《新闻联播》播报内容,因此,为避开两会、和重大节日,抽取了2013年1月3日至31日的新闻联播节目进行统计分析。

为使研究单位便于量化进而作数据意义上的统计与分析,本次研究以新闻的条数作为分析单位,并统一采用央视网《新闻联播》视频网站上的新闻条数为判断依据,以尽最大可能使本次研究做到客观公正。个别新闻存在类别交叉现象以其主要归属类别为主,或归入已有的大类,不再单独设项。据此计算,29天的《新闻联播》节目共播出新闻总条数633条,国内新闻478条,平均每天播报22条。

二、《新闻联播》内容分析

新闻根据地域可划分为国内新闻和国际新闻联播两种。根据新闻内容又可分为政法新闻(包括时政新闻和法律新闻)、经济新闻、社会新闻、文教卫新闻、科技新闻、军事新闻和其他新闻。

(一)报道数量

1. 报道总数

1月3日－1月31日新闻报道中,一共报道新闻633条,国内新闻478条,国际新闻155条。从报道比例来看,国内新闻占大多数,可以看出《新闻联播》旨在传达国内消息,报道国内新闻。

2. 国内新闻

国内新闻共报道了478条,其中包括政法新闻、经济新闻、文教卫新闻、社会新闻、科技新闻、军事新闻、其他新闻等。各个主题新闻所占比例不同,分布情况如下:

	条数	占国内新闻比例
政法新闻	146	31%
经济新闻	110	23%
文教卫新闻	61	13%
社会新闻	116	24%
科技新闻	14	3%
军事新闻	7	1.5%
其他新闻	24	5%

从图中可以看出,居于前三位的是政法新闻、经济新闻、社会新闻。分别占新闻总量的31%、23%、24%。其中政法新闻居于首位,关注度最高。其他新闻报道量由高到低一次是文教卫新闻、科技新闻、军事新闻、其他新闻。

3. 国际新闻

国际新闻共报道了155条,其中政法新闻报道了106条,占国际新闻总量的68%,国际时局备受关注。详细情况如下图所示:

	条数	占国际新闻比例
政法新闻	106	68%
经济新闻	6	4%
文教卫新闻	10	6%
社会新闻	21	14%
科技新闻	11	7%
军事新闻	1	0.6%

(二)报道倾向

这里提及的倾向性主要指记者对新闻事实选择的偏向,即新闻事实本身的倾向性。新闻报道倾向性可分为正面新闻、中性新闻、负面新闻三类。就选取的新闻样本来看,《新闻联播》报道较为客观,不仅有正面性报道和中性报道,还有部分负面性报道。其中正面性报道和中性报道所占比重大,共472条,达75%,负面性报道较少,共161条,占25%。如图所示:

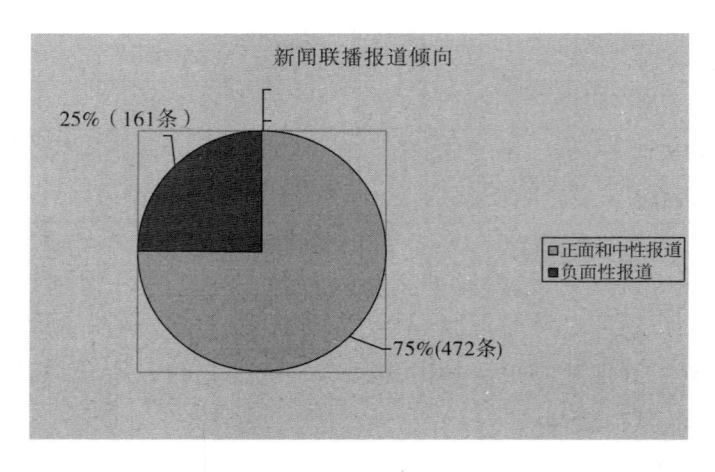

新闻联播报道倾向

25%（161条） 正面和中性报道
75%(472条) 负面性报道

1. 国内新闻的报道倾向

国内新闻以正面和中性报道为主,其中有少部分负面性报道。具体情况如下表所示：

	总条数	正面报道	中性报道	负面报道	正面报道（比率）	中性报道（比率）	负面报道（比率）
政法新闻	146	116	9	21	79%	6%	14%
经济新闻	110	90	14	6	81%	13%	5%
社会新闻	116	47	39	30	41%	34%	26%
文教卫新闻	61	56	2	3	92%	3%	10%
军事	7	7	0	0	100%	0%	0%
科技新闻	14	14	0	0	100%	0%	0%
其他	24	5	19	0	100%	100%	0%

由表3可知，正面性新闻分布比较广泛，涉及所有主题，而负面性报道主要集中在政法新闻、经济新闻和社会新闻中和文教卫新闻中，也就是说其中军事新闻、科技新闻和其他新闻的负面性报道为0。

2. 国际新闻的报道倾向

国际新闻共155条，从报道主题来看以政法新闻为主，占国际新闻的68%。从报道倾向性来看，以负面性报道为主，占国际新闻的65%，有少部分正面性报道。如下表所示：

	总条数	正面报道	中性报道	负面报道	正面报道和中性（比率）	负面报道（比率）
政法新闻	106	10	21	75	29%	71%
经济新闻	6	2	2	2	67%	33%
社会新闻	21	3	4	14	33%	67%
文教卫新闻	10	5	0	5	50%	50%
军事	1	1	0	0	100%	0%
科技新闻	11	6	0	5	100%	0%

三、《新闻联播》中有关党的新闻报道分析

此处涉及党的新闻报道统计起来分为广义和狭义两种统计口径，狭义的是指新闻中对有关党组织、党的领导人、一般党员等事迹的直接报道。广义的是指除狭义口径之外，还包括党领导下的政府及其工作人员的有关活动，党领导下所取得政治经济文化外交等方面取得的成就的报道等。国内新闻一共报道了478条，其中涉及党的新闻有305条，占国内新闻的64%，从报道比例可以看出《新闻联播》作为党的喉舌，对党的形象起到了宣传作用。

（一）有关党的新闻的报道倾向

《新闻联播》中有关党的新闻几乎都是正面性报，其中有极少部分负面性报道，如下图：

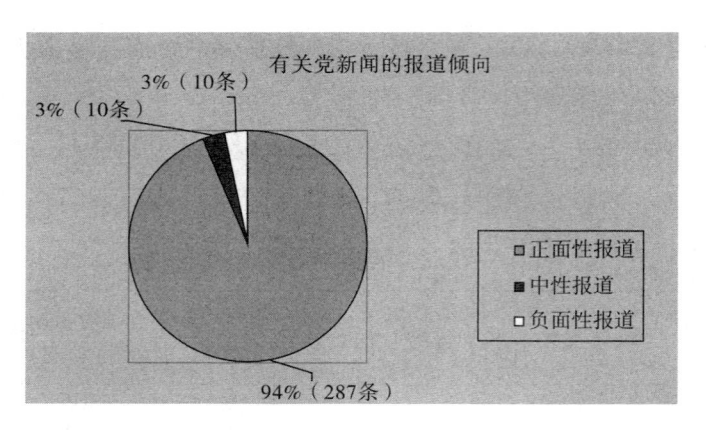

有关党新闻的报道倾向

- 正面性报道：94%（287条）
- 中性报道：3%（10条）
- 负面性报道：3%（10条）

该部分负面性报道只是涉及极个别党员干部的腐败问题，通过对该部分腐败行为的严查与治理来衬托中国共产党的民主与法治，从而更好地塑造了中国共产党良好的公众形象。

广义方面有关党的的新闻一共报道了234条，占有关党新闻的77%。广义方面关于党的新闻都是正面性报道，负面性报道为零。具

体情况如下表：

	总条数	正面报道中性报道	负面报道	正面报道和中性报道（比率）	负面报道（比率）
政法新闻	69	62	7	90%	18%
经济新闻	77	77	0	100%	0%
社会新闻	28	28	0	100%	0%
文教卫新闻	37	37	0	100%	0%
军事	7	7	0	100%	0%
科技新闻	14	14	0	100%	0%
其他新闻	2	2	0	100%	0%

关于党的狭义性新闻一共报道了71条，占有关党的新闻的23%，党的狭义性新闻只涉及政法新闻、经济新闻、文教卫新闻和社会新闻，正面性新闻占95%，负面性报道只有5%。如下表：

	总条数	正面报道中性报道	负面报道	正面报道和中性报道（比率）	负面报道（比率）
政法新闻	56	53	3	95%	5%
经济新闻	2	2	0	100%	0%
社会新闻	10	10	0	100%	0%
文教卫新闻	3	3	0	100%	0%

(二)新闻文本分析

1. 政法方面

1月3日—1月31日《新闻联播》中播报政法新闻共146条，占国内新闻的31%，内容主要围国内外两方面展开。国内方面，政局稳定，以习近平总书记为核心的国家领导人继续坚定不移地走中国特色社会主义政治发展和体制改革道路。国际方面，我国实行和平外交政策，为我国发展创造良好的国际环境。

2. 经济方面

我国经济持续健康发展，人民生活水平不断提高，全民步入了小康社会。

经济新闻共报道110条，占新闻总量的23%。从报道内容来看，我国经济稳中求进，成为世界经济大国。我国不断推进"四化"建设（工业化、信息化、城镇化、农业现代化），推动信息化和工业化深度融合，工业化和城镇化良性互动、城镇化和农业化相互协调。我国始终坚持以经济建设为中心，坚持科学发展观，正确的战略思想促使我国经济不断增长和健康发展。其中负面性报道共6条，占经济新闻的5%。主要表现为市场失灵下经济出现畸形发展。面对这些问题，国家实施政府干预，加强宏观调控，使其走上正常经济轨道。

3. 社会方面

我国努力创建社会主义和谐社会，并卓有成效。可以说是住有所居，老有所养，劳有所得，困有所助。

社会新闻共有116条，占总新闻的24%。从报道倾向性来看，其中以正面和中性报道为主，占社会新闻的74%。社会新闻中有30条是负面性报道，占社会新闻的26%，主要表现为环境污染，资源约束，生态退化严峻形势和自然灾害造成的人员伤亡事件等。由于环境污染造成雾霾笼罩，影响人们的健康和出行，道路交通问题严重。针对该类问题政府一方面加大相关报道，提醒民众加强安全意识，针对雾霾天气带来的健康危害，提高民众防护意识。另一方面进行交通管制，减少机动车辆的排污量。国家领导人重视人民生命和财产安全，对于自然灾害，如山体滑坡等造成的人员伤亡事件，我党给予高度重视。如习近平、温家宝、李克强对云南昭通滑坡灾害抢险作出重要指示,救援行动迅速展开。

4. 文教卫新闻

文教卫新闻共报道61条,占新闻总数的13%。从报道内容可看出我国文教卫生事业在以人为本、全面协调可持续发展的科学发展观和构建社会主义和谐社会的重大战略思想的指导下,奏响了全面和谐发展的旋律。

5. 军事科技新闻

目前我国科学技术进入世界先进水平,并且不断加强科技与军事的结合,在军事方面,坚持以创新发展军事理论为先导,着力提高国防科技工业自主创新能力,深入推进军军队组织形态现代化,构建中国特色现代军事力量体系。

四、主流电视新闻中塑造的党的形象

(一)"新型马克思主义"政党形象

从新闻联播中可以看出中国共产党在政法方面是一个"新型马克思主义"政党形象。

1月3日—1月31日《新闻联播》中播报政法新闻共146条,其中该部分涉及党的新闻126条,占政法新闻86%,报道主题围绕国家领导人推进民主政治建设,思想作风建设,打击违法犯罪,建立健全运行机制和监督体系等方面展开。从报道量来看,足可以说明我党高度重视执政能力建设,重视政局的稳定。具体到内容上,以正面报道为主,共115条,占政法新闻中有关党新闻的91%,如国家主席习近平强调:毫不动摇坚持和发展中国特色社会主义,实践中不断发现有所创造有所前进。国家主席习近平强调:坚定不移发展中俄全面战略协作伙伴。刘云山听取学习宣传贯彻十八大精神督查情况汇报。国家主席习近平在十八界中央纪委二次会上强调:更加科学有效地防止腐败,坚定不移把反腐倡廉建设引向深入。王岐山强调:标本兼治,完善机制,确保打击侵权假冒工作的可持续性等。可见我党不断努力的加强民主与法制建设,不断加强执政能力建设。政治上实行民主政治,法制上加强依法治国,不断完善制度建设,廉政建设。其中以正面报道为主,但也存在一小部分负面性报道,有关党的负面报道共10条,占政法新闻中有关党新闻的9%。主要表现为少数党员干部的腐败行为和部分违法新闻。从负面性报道来看并不是要说共产党执政能力出现严重问题,而是要从发现问题解决问题中来折射出共产党是一个拥有足够能力的政党。面对这些问题我党并未置之不理,而是不断健全权力运行机制和监督体系,健全质询、问责、经济问责审计罢免等制度,加强党内监督,民主管理,法律监督,舆论监督,让人民监督权力,让权力在阳光下运行。

从上述分析可以看出:中国共产党以服务人民为宗旨,并全心全意为人民服务,施行党内管党,从严治党的方针,在政治上是一个新型马克思主义政党,有能力把中国建设成为富强民主的社会主义国家。

(二)"一心一意谋发展,聚精会神搞建设"的政党形象

从新闻联播中可以看出中国共产党在经济方面是一个:"一心一意谋发展,聚精会神搞建设"的政党形象。

经济新闻共报道110条,有关党的新闻报道有78条,占经济新闻总量的71%。从报道倾向性来看,只有正面报道,负面性报道为零。从内容来看,这部分新闻主要围绕我党经济建设展开。我党始终坚持以经济建设为中心,坚持科学发展观,正确的战略思想促使我国经济不断增长和健康发展。在经济领域我国不断完善社会主义市场经济体制和加快转变经济发展方式。1. 全面深化体制改革,处理好政府和市场的关系。我党重视市场规律,充分发挥市场的作用,只有在市场失灵的时候实行政府干预,加强宏观调控政策,是我国经济健康有序

发展。2. 实施创新驱动发展战略,加快建设国家创新体系,着力构建以企业为主体,市场为导向产学研究相结合的技术创新体系。3. 推进经济结构战略性调整。改善需求结构,优化产业结构,促进区域协调发展,推进城镇化为重点,着力解决制约经济持续健康发展的重大经济问题。4. 对外开放,实施开放型经济。适应全球化新形势,提高利用外资优势和总体效益。

从上述分析可以看出:中国共产党在经济上始终代表中国先进生产力的发展要求,以经济建设为中心,不断满足人民的物质需求,带领人民奔小康,并使我国进入世界经济大国的行列,是一个一心一意谋发展的政党。

(三)"始终坚持先进文化"的政党形象

从新闻联播中可以看出中国共产党在文教卫方面是一个"始终坚持先进文化"的政党形象。文教卫新闻中有关党的新闻报道有40条,其中都是正面性报道。

1. 在教育领域

中国共产党重点发展农村教育,普及九年义务教育所取得的举世公认的伟大成就。"贫困地区义务教育工程""农村中小学危房改造工程""国家西部'两基'攻坚计划"等一系列重大工程项目,有力地推动了义务教育的普及与巩固。在重点发展农村教育中,农村义务教育投入保障机制的加快建立,中央安排专项资金为中西部地区2400万名贫困家庭学生提供了免费教科书,同时加快"两免一补"(免书本费、免杂费和补助寄宿生生活费)的资助政策的落实,针对城乡特殊困难未成年人开展的教育救助工作,以及2004年起在全国义务教育阶段的学校普遍实行的"一费制",都切实减轻了农民的经济负担,保障了农村孩子受教育的权利。按新机制实施的国家助学贷款工作和不断完善的资助政策体系,使国务院提出的"确保没有一个大学生因为经济困难而辍学"的工作目标得到了基本实现。

2. 文化领域

一批国家和地方重点文化设施相继建成并投入使用,文学艺术日益繁荣,文艺舞台丰富多彩;文化体制改革顺利推进,公共文化服务网络进一步完善,文化产业方兴未艾,人民群众文化生活有了较大改善;文化遗产保护取得新的进展;文化市场管理进一步加强,管理水平不断提高;对外文化交流日益深入,中华优秀文化的影响不断增强。

3. 卫生领域

全国城乡卫生面貌和人民群众健康水平继续改善,公共卫生和医疗服务体系建设不断加强,医疗卫生服务的规模、条件、技术和水平有很大提高。卫生系统加大了公共卫生体系建设力度,疾病预防控制体系、医疗应急救治体系、应急卫生队伍和卫生监督体系的条件、能力有了很大的改善。结核病、肝炎、血吸虫病等重大传染病的预防、控制和治疗水平不断提高,全国建立了有效应对新发传染病流行的防控体系。另外,"十五"期间启动的在中国历史上堪称重大突破的新型农村合作医疗制度,以及农村卫生基础设施建设规划,体现了党中央、国务院对"三农"问题的高度重视和农民健康的坚定决心,受到了农民群众的衷心拥护。

从上述分析可以看出:中国共产党代表中国先进文化的前进方向,重视教育发展,文化建设,不断加强提高全民素质教育。同时关注人民身体健康,让人民能够病有所医。

(四)"以人为本的亲民"政党形象

从新闻联播中可以看出中共共产党在社会方面是一个"以人为本的亲民"政党形象。"从最广大人民群众的根本利益出发谋发展、促发展,坚持发展为了人民、发展依靠人民、发展成果由人民共享"的理念,从而把促进经济社会发展与人的全面发展统一起来。

社会新闻共有116条,涉及党的新闻有38条,占社会新闻的33%。从报道倾向性来看,都是正面性报道。具体到内容来看,主要表现在1. 民生问题,我党高度重视民生,以民为本,为民谋利,解民之忧。如社会新闻中曹家巷拆迁的追踪报道就是实例。2. 就业问题,鼓励多渠道多形式就业,市场调节就业,政府促进就业和鼓励创业。同时创建劳动标准体系和劳动关系协调机制,加强劳动保障监督,构建和谐劳动关系。如社会新闻中聚焦农民工讨薪路,以法律武器作为保障。3. 加强社会保障体系建设,完善社会救助。

总而言之,中国共产党是一个为民服务的政党。

(五)"善于理论创新、与时俱进"的现代政党形象

从新闻联播中可以看出中共共产党在科技军事方面是一个"善于理论创新、与时俱进"的现代政党形象。

创新是一个民族生生不息的动力,也是一个政党赖以生存发展的源泉。中共共产党在科技和军事方面不断创新,使我国科学技术进入世界先进水平。我党坚定不移把信息化作为军队现代化建设的发展方向,推动信息化建设加速发展。加强高新技术武器装备建设,加强全面建设现代后勤,培养大批高素质新型军事人才,深入开展信息化条件下军事训练,增强基于信息系统的体系作战能力。我党高度贯彻新时期积极防御战略方针,与时俱进加强军事战略指导,高度关注海洋、太空、网络空间安全,积极运筹和平时期军事力量运用,不断拓展和深化军事战斗准备,提高以打赢信息化条件下局部战争能力为核心的完成多样化军事任务能力。科技和军事新闻共报道17条,从报道倾向性来看都是正面性报道,从内容上来看主要表现为重视对科技人员的培养与奖励。坚定不移把信息化作为军队现代化的建设方向,提高国防科技工业自主创新能力,坚持把富国和强军相统一。

总而言之,中国共产党是一个与时俱进,勇于创新的政党。

从对《新闻联播》报道的分析中,可以看出主流电视新闻节目有关党的新闻占大多数,新闻内容反映的是在中国共产党的领导下,我国各方面都取得了重大成绩,政局稳定,经济平稳较快发展,人民生活水平显著提高,民主法治建设迈出新步伐,文化建设迈上新台阶,社会建设取得新进步,国防和军队建设开创新局面,外交工作取得新成就。国际新闻中以政法新闻为主,但大部分是负面性报道,政局不稳,时局动荡,战争频发。从国内外局势的反差对比来突出中国共产党是一个拥有政能力的政党,一个为中国人民谋福利、谋发展的党。主流电视新闻节目塑造了中国共产党的良好形象:政治上是一个"新型马克思主义"政党;经济上是"一心一意谋发展,聚精会神搞建设"的政党;文教卫方面是一个"始终坚持先进文化"的政党;社会方面是一个"以人为本的亲民"政党;科技军事方面是一个"善于理论创新、与时俱进"的现代政党形象。

主流电视新闻节目肩负着新闻和宣传的双重使命,要在两者之间保持平衡,既要做到新闻的及时、真实,又要宣传党和政府的方针政策,塑造党和政府的良好形象,两者兼顾,均衡发展。

第三节 电视民生新闻节目发展策略

电视民生新闻现状关注百姓生活,探讨大众话题。民生新闻现如今早已成为反映百姓生活的一个重要平台,是政府和各部门了解工作情况,检查监督自身工作状况的重要途径,是沟通政府和百姓的桥梁。民生新闻从它诞生之日起,就受到了广泛的关注。本节以运城电视台《第一时间》为例探讨电视民生新闻的发展路径和策略。

一、《第一时间》的实践创新和特色

《第一时间》是运城电视台推出的一档民生新闻节目,"第一时间,老百姓自己的时间"是这档节目的定位和宣传语。开播多年以来,节目力求站在平民视角、深入生活,施行差异化的竞争策略,在坚持新闻本位、服务百姓生活的同时,打造出具有河东本土特色的民生新闻内容和形式,在众多城市民生新闻节目中脱颖而出,成为电视民生新闻节目发展的一个典范。

(一)坚持内容本土化

《第一时间》由最新、最快的城市新闻和热线维权报道为主要组成部分,同时还有记者深度报道和记录运城风土文化的专题。节目结构简单清晰,节奏张弛有度,大方之处可见城市全貌,细节之处可听百姓呼吸。

1. 打造运城品牌,宣扬河东文化

在激烈的市场竞争中,品牌塑造对任何一个组织来说都至关重要,品牌也是媒体核心竞争力的指标之一。《第一时间》就是运城电视台倾力打造的一个品牌节目。节目拥有强大的节目主持阵容,韩茸、张英、李茱林、袁小桃是运城电视台著名的主持人,宸治业运城市曲艺家协会的表演艺术家,他们一起共同构筑了《第一时间》强大的主持阵容,奠定了节目的品牌基础。运城电视台《第一时间》栏目直接覆盖运城地区 13 个县市,成为运城地面上最快、最实用、最有看头的新闻节目。

发生在本地的百姓新闻、当地风俗人情的报道加上淳朴的运城方言,这些都是运城地区文化最鲜活的体现。2012 年国庆黄金周,《第一时间》栏目在特殊的节日里,带领摄制组把解州关帝庙最美好的场景和深邃的关公文化传递到全社会当中,既让观众感叹关帝庙精湛的古建筑和完美的绿化,倾听各方游客内心的感受。

2. 反映百姓冷暖,细节之处可听百姓呼吸

运城电视台《第一时间》作为民生新闻节目,关心百姓冷暖,充分发挥新闻的服务功能。《第一时间》中特别注重老百姓生产生活中出现的问题,设立了"帮您看,帮您找"环节,这家的果树出现异常,那家的庄稼有了问题,街上噪音过大扰民,绿化带草木疯长无人问津等等,《第一时间》都会在报道问题的同时,请专家解答,向有关部门反映,力求问题的解决。

以 2014 年 4 月 16 日—4 月 30 日《第一时间》的节目为例:共计 140 个报道。其中,问题纠纷与不幸(包括灾害、纠纷、维权等)41 个,占比 29.29%;法制(违法犯罪、案件告破、打官司等)10 个,占比 7.14%;交通(交通违规、驾驶证等相关信息)10 个,占比 7.14%;消费和居民生活(对消费者、厂家、消费市场、居民生活等的报道)12 个,占比 8.57%;公共生活(公共实施建设、相关部门的检查治理活动、治安等管理工作)15 个,占比 10.71%;文化(文艺、民俗、体育等)20 个,占比 14.29%;服务信息类(就业培训、信息指南)7 个,占比 5%;好人好事及其他报道 13 个,占比 9.29%;其他 12 起,占比 8.57%。这些都是与民众生活息息相关的事儿,合计报道比重占到 91.43%。

从统计中可以看出,老百姓的衣食住行、生活中出现的问题、消费服务信息、身边发生的好人好事等占到了《第一时间》报道的大部分比重,使节目更加的贴近广大民众,利用新闻媒体的监督作用发挥了媒体服务大众的功能,深受民众的喜爱,很好的实现了"第一时间,老百姓自己的时间"的节目定位。

(二)打造本土化的形式

1. 语言上,运用本土百姓语言

"一方水土养育一方人",各个地方独有自己的风格和地域文化,

运城电视台《第一时间》抓住这一文化认同心理,立足本地区,充分挖掘本地语言文化优势在节目中的效力,使得节目与百姓的距离拉得很近,让老百姓切切实实感受到《第一时间》就是咱当地老百姓自主发言的舞台,老百姓敢说话,敢讲真话,而这一点正是民生新闻的存在的价值所在——接地气地解决一些问题。4月20日的议题之一:警察故事就是以民警李卫国极具运城方言的口吻讲述成为"百事通"的成长经历。更为鲜明的是在《第一时间》的最后有一栏目叫作《有啥谝啥》主持人以纯运城口音讲述新近发生的事实。4月16日《有啥谝啥》栏目"单车婚礼更觉浪漫"便体现得淋漓尽致。

2. 用曲艺形式讲述新闻故事

运城电视台《第一时间》具有浓郁地域特色的,是以曲艺形式讲述新闻故事的栏目《有啥谝啥》。干板腔是山西省的一个地方小戏。起源于运城河津,干板腔具有短小精悍、生动活泼、风趣幽默,不拘一格,信口拈来,在晋南及其周边老百姓十分喜爱的民间说唱艺术。《有啥谝啥》利用干板腔的地域特色和贴近性极强的优势,将干板腔与新闻结合起来,用干板腔说新闻,是运城电视台《第一时间》的创新。这样的结合既能突出新闻的真实性,又能体现曲艺的娱乐性,从老百姓的角度反映老百姓的衣食住行、生活趣事,不仅地域特色鲜明,而且极大地增强了新闻的艺术性,提高了节目的收视率。

栏目邀请的讲述人是运城市曲艺家协会副主席、从事干板腔研究和表演已有30多年的艺术家宸治业。曲艺名家作主持,利用他最擅长的艺术形式,讲述本地老百姓自己的故事。在生动有趣的说唱中,寓教于乐,寓事于理,夹叙夹议中讲述了故事,百姓又获得了教导。创造了一种本地百姓喜闻乐见的民生新闻的报道形式,进一步拉近了节目与运城当地观众的距离。

(三)坚守新闻本位,注重新闻的时效性

民生新闻也是新闻,要注重新闻本位,而注重时效性是新闻的第一要务。民生新闻记录着百姓生活矛盾、情感困惑,这些报道琐碎、零散,很容易造成新闻报道严重滞后,更新极其缓慢,而时效性是衡量新闻价值的至关重要指标,失去时效性的新闻就是明日黄花,《第一时间》却能竭力提高新闻发布速度,及时而又准确地向公众提供最新信息,从而保证新闻的价值。

以 2014 年 4 月 16 日—4 月 30 日《第一时间》的节目为例:在 140 则新闻报道中,当天发生的新闻占 19.28%,昨天发生的新闻占 22.86%,一周以内的新闻占 31.43%,合计时效性较强的新闻占比 73.57%。在报道中,时常有现场直播的画面出现,作为中部地区的一个地市级电视台,报道及时能达到这种地步是十分难能可贵的。

二、《第一时间》存在的不足及其对策:

(一)后续报道较少,报道深度不够

《第一时间》虽然时效性强,抓的都是老百姓非常关心和当天发生的事,欠缺的是后续报道,有些事虽然是小事,但是大家很关心,非常热点的像房基、交通,可是后续报道没有了,应该加强后续报道,甚至可以每周一次把比较突出的案例、事情回顾一下,有反馈才有看头。

除此之外,报道的深度不够也是一个问题。如 4 月 20 日的一则《不交物业费,限制你用电》,报道采访了星河商业街商户,也采访了星河商业街经理陈保太。而对于这件事处理结果怎样,竟然没有一点采访,对于为什么会出现这种局面,报道更是失语,只停留在表面很浅的一层。分析中发现,这样一味罗列现象的报道在节目中并不少见。发现问题类虽然所占比例并不低,但也同样存在表面化的问题,4 月 25 号的《熟人干活,工钱难讨》,讲梁彦忠给熟人干活却工钱难要,梁彦忠很忧心,文章结束。全篇报道中只有对梁彦忠一个人的采访,而对有关管理部门的职责,却只字不提,更没有问题的解决。4月27日的《大美少年》讲述一个11岁小女孩担起家里重担照顾瘫痪的双亲,重点讲述了小女孩照顾父母的情形,而对于家庭的困境背景和相关的扶持补贴情况却没有交代,把新闻中很重要的一个元素忽略掉了,让人看起来匪夷所思。节目呈现的多数都是已有定论的问题的报道,这不但割裂了问题发展的前后进程,使呈现在受众面前的只是简单的事件碎片的拼合,而且在不知不觉中助长了新闻的懒惰、缺乏探究的习气。

民生新闻的报道不能仅仅停留在问题的表面,必须从纠纷、问题中走出来,分析挖掘新闻背后的故事,找到解决的方案。为此民生新闻报道不仅要描述事件本身,更要对事件进行深度解读,整合资料深入探讨事件发生背后的原因,分析和展望事件发展的发展趋势[1]。即增加新闻内涵,增强报道深度。运城电视台《第一时间》栏目可以尝试通过改变报道形式,加强策划,以深度报道、连续报道,把新闻做深、做透,做出气势。无论电视民生新闻的下一站在哪里,以人为本的平民视角都应是永远坚守的宗旨,在坚守中突破的创新永远是民生新闻的努力方向。

(二)重复报道严重,新闻源过于狭窄

重复报道一定情况下是新闻内容同质化的体现。同质化即众多媒体普遍存在在报道内容和报道方式上单调、重复、相互"克隆"的现象[2]。重复报道在运城电视台《第一时间》节目中也时有体现,如2014年4月23日是世界读书日,运城电视台今日甚至连续几日都是围绕读书的各个层面展开的。众所周知,新闻在讲求时效性、真实性的同时,也要注重其趣味性,这样才能吸引读者眼球。再有4月随着牡丹,

---

[1] 丁传春:《电视民生新闻栏目的发展与完善》,《东南传播》,2007年第3期,16页。
[2] 房艳凡:《电视民生新闻存在的问题及对策》,《南都学坛》,2012年第6期,130页。

槐花的开放,对此的报道接踵而至,仅槐树就在 4 月 19 日、21 日接连进行报道。过度集中报道,呈现出选题单调、枯燥性的缺点,由于同质化烦人报道占据了新闻网站的空间,使丰富的社会生活得不到及时的反映。

重复报道严重一个方面的原因就是新闻源过于狭窄,为此《第一时间》还是做出了不少努力的,首先栏目组配备了阵容强大的记者团,每天马不停蹄寻找新闻;另外节目中每天举行新闻线索提供的评选活动,鼓励观众提供新闻线索。但是,光有这些还是不够的,《第一时间》应该在坚持已有渠道的情况下,进行多方开拓:向社会找新闻,联络政府信息部门,丰富新闻资源;向网络上找新闻,建立 QQ 群、微博群、微信群等,采集各类视频资源;向台内找新闻,实现各个节目和频道的新闻共享。[①]

民生新闻以老百姓的事作为创作题材,承担着厚重的社会责任,民生新闻创办的成功与否直接影响着当地的社会氛围。民生新闻只有从百姓利益出发,把为人民服务作为其一切行动的出发点,同时结合本地特色,打造独具特色的新闻节目,挖掘民生新闻背后的内涵,才能吸引人气,提高收视率。通过以上数据分析得出,运城电视台《第一时间》有其优势的一面,同时也存在不足之处,针对自身的实际情况,应该努力创新,积极探寻,不断提高新闻内容的水平,结合时代和受众需求,给受众营造一个良好的舆论氛围,使民生新闻更好地为区域经济和社会发展服务,成为地方文化的一大品牌。

[①] 王晖、朱琛琛:《城市电视台民生新闻发展趋势的思考》,新闻传播,2013 年第 3 期,214 页。

第四节 电视相亲节目发展策略

2010年以来,电视相亲节目如雨后春笋,层出不穷。江苏卫视《非诚勿扰》、湖南卫视《我们约会吧》、安徽卫视《缘来是你》、东南卫视《为爱向前冲》、东方卫视《百里挑一》、山东卫视《爱情来敲门》、浙江卫视《爱情连连看》、广西卫视《爱的就是你》等纷纷绚丽登场。

一、电视相亲节目的兴盛原因

婚恋交友类电视节目是近期各大卫视进行的电视相亲娱乐真人秀节目,大部分以现场的男选女、女选男为主,最终双方成功牵手约会成功。时下,在黄金时段打开电视,各大卫视推出的各种形式的婚恋交友类电视节目一个接一个以迅雷不及掩耳之势,占据人们的视线。

(一)相亲类节目的发展状况

10年前,《玫瑰有约》舞动着"玫瑰"大旗,每周一次演绎着浪漫的情调,给予观众们无限的安慰与憧憬。10年后,随着《我们约会吧》《非诚勿扰》《百里挑一》《为爱向前冲》等的相继开播,新一轮的荧屏婚恋交友大战在2010年的初春已悄然拉开。

"如果爱情婚姻的节目不仅仅局限于婚介,而是一个集谈话、娱乐于一体,旨在倡导健康向上的交友观、爱情观、婚恋观,融趣味性、娱乐性、哲理性于节目之中,展示参与嘉宾的个性风采和时代风貌,一定会有广阔的空间和市场。"这样的想法让各卫视节目的制作人豁然开朗。

于是,相亲类节目中穿插了娱乐因素,去除了单纯谈话类节目的单调乏味,增添了轻松活泼的谈话氛围,并在节目中掺杂一定的时尚元素,这种综合体式的节目样式使得受众眼前一亮,颇能吸引受众的眼球。

时下的电视相亲节目之争,始于最早的山东卫视《爱情来敲门》,接着湖南卫视推出的《我们约会吧》,但随着江苏卫视《非诚勿扰》的横空问世,可谓真正意义上引爆了相亲类节目的热潮。浙江卫视《为爱向前冲》更是下了一剂猛药,来势汹汹地连续13天在晚上推出特别版《为爱向前冲》,5月1日贵州卫视开播的《相亲相爱》以及东方卫视于6月4日推出约会节目《百里挑一》。各大卫视的"相亲"大战已愈演愈烈。据了解,按照全国各大卫视的节目表单分析,目前荧屏每天至少一档相亲节目,周六和周日黄金时间段更密集到每晚有三档。

(二)相亲类节目兴衰的原因

为什么有这么多的普通人愿意在公众面前暴露自己情感方面的隐私?为什么观众对于这些婆婆妈妈的生活及个人情感琐事表现出了超乎寻常的兴趣?为什么电视相亲类节目在各级电视台迅速遍地开花?对于相亲类节目兴衰的原因,笔者试从以下几个方面来进行探讨。

1. 满足了公众的倾诉需求

从社会心理角度来看,相亲类节目的兴起是社会转型期公众精神需求的产物。现代社会人们工作、生活节奏日益加快,当代人面临着前所未有的残酷竞争和生存压力。巨大的压力之下,剩男剩女激增,由此产生的困惑、迷惘、压抑、焦虑等心理问题也随之增加,这使得很多人需要一个倾诉的平台来缓解许久以来郁积心底的情绪。

在今天这个多元的社会里,人们普遍的心态是展示自我,张扬个性,节目的平民化理念正好满足了观众表达自我、张扬个性的要求。大众媒介顺应民众这种心理,给大众提供了一个展示自我的机会。相亲类节目恰恰体现了大众媒介为大众提供"展示自我的舞台"的功能,这些以前人们在公众面前羞于启齿的话题,如今人们却渴望表达出自己的看法,不再缩头缩脑。① 相亲类节目的形式正好契合了青年的心理,让在场嘉宾能畅所欲言,充分表达自己的观点,给了青年一个交流和展示的空间。

此外,相亲类节目强调以受众为中心,充分调动了观众的积极性和参与感,每期都邀请各行各业的优质未婚男女,通过一系列单元的精心设计,并在主持人及特邀嘉宾的诙谐知性兼具的穿针引线下,让男女主角围绕婚恋问题畅所欲言,不但得以了解彼此,找到契合对象,也借此认识更多新朋友、扩大生活圈。

2. 迎合了受众的窥私欲和猎奇心理

时下的适应现代生活节奏的大型婚恋交友类节目,其节目的互动形式完全突破过去传统的交友方式,且体现新时代男女的婚恋观,更为众多单身男女提供了公开的婚恋交友平台。

坦言之,相亲就是找另一半,为自己下半辈子的幸福计,男女嘉宾不得不摆出自己最真实的诉求,甚至不惜把自己现实中的房子、车子、收入、外貌等条件一一拿出来作为自己征友的筹码,赤裸裸地在演播室里表达对另一半的要求。而此过程中,各种不同的价值观在碰撞,人性的善恶美丑也随之一一呈现,一个个的相亲红人相继问世,他们未必是俊男靓女,却必为话题人物。

从心理学的角度说,每个人都有窥探别人秘密的欲望,都有想知道别人秘密的好奇心,特别是一些异常的、隐私的情感事件更能引起一部分受众的探知欲望。

时下热播的相亲类节目采取自由报名的形式,经过挑选,选取男女青年各数人,在节目现场进行对话和交流,从而展示当代青年人的人生观、价值观,并在节目中选择与自己情投意合的嘉宾,配成一对有

---

① 李娟:《玫瑰之约:昙花一现的美丽——情感婚恋类节目的社会学解读》,硕士论文,2006年,8页。

情人。同时,节目也为青年男女正确择偶提供场地和机遇。节目的受众群体主要以单身男女青年为主体,单亲家庭、中年人的重新择偶和老年人的黄昏恋等方面也有涉及。

3. 娱乐性电视节目与当代青年婚姻现状

相亲节目迎合了社会现实需要,是贴近实际、贴近生活、贴近群众的举动。它的选题贴近性较强,展示了普通人的生活、情感问题,观众在收看相亲节目时,经常会从中找到与自己相似的经历或能产生共鸣的故事,从而产生强烈的心理认同和情感回应,这"让人们知道不仅仅是自己在饱受磨难,别的人也同样在恼怒和痛苦,挣扎和奋斗,从而使人们平静下来以一种平常的心态来对待生活,对待现实。"①

中国现在的一代是怎样的?"80后"、"90后"是怎样的生活状态,有着怎样的思想主流?是"拜金"、"嫌贫爱富",还是"爱情至上"、"爱由心生"?是"毒言恶语相向"抑或"挖优掘好地评价他人"?这些都可从各类电视相亲类节目上可见一斑。

节目中展现的矛盾分析和问题解决过程还可以让观众作为对照,从而来认知自己的情绪、心理和行为。许多和节目中的当事人一样的普通受众,把节目当作一面镜子,"通过这一面镜子,在解读周围普通人对世界的认识的同时,审视自己的内心"。② 这样,观众便可通过节目中获得的信息,更好地适应周围的社会环境,获得较为和谐的人际关系。

相亲类节目探讨的是爱情、婚姻、配偶等社会话题,通过不同的形式反映了社会的发展阶段和人们对待此类人生大事的观念、看法与态

---

① 郭晋晖:《"脱口秀"在中国——试评近年兴起的电视谈话节目》,《大众传媒研究》,转引自论文先生网,http://www.lwsir.com/wenshi/xinwen/200707/38739_4.html.
② 陆晔:《论双向交流与电视传受双方的角色定位》,《现代传播》,1995年第1期,67页。

度,激发大家发现社会的进步面,反思社会的顽症,更辩证地看待、指引社会发展方向。

4. 提高了节目制作的投入产出比

由于相亲类节目的低投入、高收益使其成为投入产出较高的节目形态,从而深受节目制作机构的青睐,时下不少相亲类节目都陆续做成一周两次,节目内容、形式更新快,这又进一步吸引并稳固了节目的忠实观众群体,提高了节目收视率。

相亲类节目以男女的交谈为主体,采访拍摄较简单。演播室里的访谈主要使用多机拍摄、导播切换的录制方式。有时节目中穿插的小片需外景拍摄,但一般也只需一两天时间就可完成。此类节目的后期编辑也相对简单,主要工作是处理大量的演播室对话。这样,一期节目的采制周期比其他的电视节目形态无疑要省时省力得多。

此外因参加相亲类节目的当事人多为普通人,既省去了邀请明星的周折和资金成本,又使得选题资源非常丰富,令节目一直有源源不断的人物和话题来谈论。

综上所述,由于相亲类节目同时满足了社会公众和电视机构的多方面需求,因此这类节目形态迅速占据了很多电视台的黄金时段。

(三)相亲类节目带来的负面问题

然而,就在各类电视相亲类节目发展迅速、节目数量和收视率都节节攀升的时候,2010 年 6 月上旬,国家广电总局连续下发了两份整顿通知,直指当前婚恋交友类电视节目中存在的"弄虚作假、低俗炒作、混淆是非、误导观众"等问题。随后各大电视台当即做出反应,表示支持和拥护,并开始对相亲类节目进行改版或停播。

1. 为提高可视性会有意加入娱乐元素

电视节目的竞争越来越激烈,为了更好地发挥电视传播的优势,一些媒体在最初策划时就把大部分精力放在吸引眼球、挑战观众心理底线上,更习惯人为地设计一些能提高节目可视性的娱乐元素,包括:有意在节目中设置、突出当事人的矛盾冲突,鼓励主持人和嘉宾多讲个性化语言等。

中国传媒大学的徐舫舟教授一直关注着这类交友节目的发展。他认为,交友节目的基础是真实,而这种充满秀的交友节目,丧失了真实这一基础,就成为单纯为获得收视率和知名度的演出了。因此,节目中一些嘉宾说出"语不惊人死不休"的言论也就不足为其了。①

这类电视相亲交友节目已明显偏离相亲节目的本质,相亲交友只是手段,借用这种平台,以出格言行搏出位,进而名利双收才是目的。在这样的利益驱使下,相亲平台变成了秀场,纯真被引入精心设计的轻薄和嘲讽……

2. 节目会给嘉宾的生活带来困扰

正所谓"人怕出名猪怕壮",在很多门户网站上,网友开始乐衷于对一些男女嘉宾"人肉搜索",将一些"名人"的隐私推到了风口浪尖,赤裸裸地暴露在众人之下,如一些"门"事件的出现,嘉宾身份的刻意造假等。

毕竟,大多数人特别是普通家庭的年轻人没有承受"出名"后的负面影响,生命不能承受"名"之重。如果是参与节目的主角本人目的不纯、故意言语夸张抢风头而招致恶果也就罢了,但有些人却由于电视台的剪辑、后期处理后言语形象被扭曲而遭人误解,那便冤枉之极。

3. 节目真正配对成功的非常少

来参加节目的男女嘉宾都是抱着解决单身问题的目的来的,而节目呈献给观众的结果抑或恰似场闹剧的嘉宾间的人身攻击、恶语相向,亦或在节目中成功牵手的。事实上,男女的结合一般需要一段时

---

① 《调查数据显示:七成受众称相亲节目损害社会道德》,央视网,2010年6月27日

间的磨合和了解,并非录制一两期节目的时间就能解决。即使几对男女嘉宾在节目现场走在了一起,后面仍会面临诸多问题。

每期节目中都会出现牵手成功的男女,让收看的观众得到心理上的满足。但栏目刻意回避了这样一个事实——真正通过一期节目就能配对成功的恋人可谓凤毛麟角。

二、电视相亲节目娱乐化现象

自湖南卫视推出了婚恋交友节目《我们约会吧》(Take Me Out),江苏卫视《非诚勿扰》开播收视飘红,多家卫视相继播出相亲或交友类节目,一轮"相亲热"席卷荧屏。而在市场竞争的绝大压力下,综合电视媒体改革及时代文化等多方面因素,中国电视相亲节目也在不知不觉间掀起了一股娱乐化的浪潮。

毋庸置疑,相亲节目娱乐化大大增强了节目的可视性,激烈的矛盾冲突、幽默风趣的故事情节、个性鲜明的人物形象,极易使观众流连其中并进而引发情感上的共鸣。但愈演愈烈的娱乐化风潮也令人忧思,质疑其商业性对相亲节目艺术属性的破坏。针对这种艺术形式演进过程中出现的文化现象,本文试图将其纳入传播学视阈,作一番理性关照,并进而探讨新形势下相亲节目可持续发展的深层次命题。

(一)语境探因

从本质上看,相亲节目娱乐化作为一种复杂的当代文化现象,受到了多种因素的合力制约。

20世纪90年代以来,大众文化迅速崛起和蔓延,消费主义观念渗透到文化的创造和传播过程中。"快乐"和"游戏"成为影视节目流行的标识。在此宏观语境下,相亲节目也向商业主义和消费主义接近和移植。同时,注意力经济、娱乐经济的升温使得相亲节目的制作理念也悄然发生转变。

在文化产业化的大趋势下,相亲节目行业要生存下去,娱乐化创作似乎已成相亲节目的必然选择。可以说,相亲节目娱乐化创作不仅是媒体竞争使然,同时也是传媒产业新的经济增长点。纵观各方因素,在娱乐至上的媒介大环境下,相亲节目娱乐化实际是中国媒体转型的必经之路,也是其自身发展过程中的一次产业升级与形式完善。

(二)题材选择

同样打着"爱情"的旗号,这一轮电视相亲节目与10年前的婚恋节目相比,在目标人群和功能定位等方面发生了一些显著变化。比如其在征友速配的内核下更加注重节目的娱乐性和话题性,甚至有大量表演和演绎的成分在节目里出现。

"过去的相亲节目中,人们只是自我介绍,几乎没有什么互相选择的环节。"江苏卫视《非诚勿扰》栏目制片人王刚表示,该节目为大家提供一个面对面的机会,节目紧张充满悬念。"我们的节目风格新颖,大众也已经厌倦了歌舞类节目。"

在原本纯粹的服务性相亲节目中融入了很多社会热点问题,节目有意安排一些住房、收入、生育观、价值观、婆媳关系、对待农民态度、富二代炫富等社会热点,让处于现实社会面对种种生存问题和道德问题的我们分外关注。如《非诚勿扰》引人入胜的故事情节、紧张激烈的矛盾冲突、丰富深广的知识容量,为节目创下了良好的受众口碑和市场效益。

"如今的生活节奏这么紧凑,缺乏相处时间、生活圈子狭窄,使婚恋交友越来越成为一个社会问题。"中国传媒大学电视与新闻学院教授、博士生导师张国涛在接受采访时说。"电视本身就像一个蓄水池,起到排解大家情绪的功能,反映着当下的社会环境。因此,像《非诚勿扰》、《我们约会吧》这类婚恋节目的再度兴起,具有必然性。"

(三)受众研究

无论何类型的相亲节目,都应有受众意识的考虑。相亲节目娱乐化创作使受众需求上升到一个重要的高度。

电视台推出相亲类节目,迎合了社会现实需要,是贴近实际、贴近生活、贴近群众的举动。相亲节目为适龄青年提供了一个在大庭广众之下寻找爱情的机遇,更为单身男女搭建了一个很好的服务平台。

对中国观众而言,相亲节目极具吸引力,不仅颠覆了传统相亲模式,还能让人一夜成名。百合网首席执行官田范江说,这类节目受欢迎很容易解释。"中国有1.8亿单身者,他们自己和他们的父母都为婚姻问题担心。"

在传播和沟通手段越来越发达的同时,人与人之间实际的交往却越来越少,其狭窄的社交圈子和有限的社交时间,大大限制了择偶范围。因此,通过相亲打开社交圈被广泛接受,这正是目前热播"相亲"节目兴起的社会基础。

(四)重视叙事技巧

中国相亲节目长期以来过分遵循守旧的理念使编导们忽略了相亲节目的故事性,即强调相亲节目的戏剧冲突,凸显镜头的视觉冲击力。其实,在不违背真实性的前提下,大可采用戏剧式的叙事方法,如制造悬念、矛盾冲突、捕捉细节等,用娱乐化的叙事手段填补相亲节目艺术创作上的不足。

1. 形式多样

江苏卫视《非诚勿扰》的男嘉宾须经过"爱之初体验""爱之再判断""爱之终决选""男生权利"等环节和规则,自曝家底面对站在台上的24位女嘉宾使出浑身解数,就是为了那盏象征婚恋交友的灯不要熄灭,而这种选择与被选择的节目设计本身就很容易得到观众共鸣。

湖南卫视《我们约会吧》有同城约会、男选女、女选男等新鲜形式,特别是男选女版更是对传统观念的冲击。安徽卫视则将原来的《周日我最大》改成母女上阵相亲的《缘来是你》。

浙江卫视《为爱向前冲》从 2010 年 5 月 28 日起取代电视剧黄金档,请来富有争议的女嘉宾以及著名电台深夜节目主播坐镇,连续 13 天推出特别版《为爱向前冲》。

东方卫视推出的《百里挑一》举多方之力,以 3 位女嘉宾对抗 100 位男嘉宾的数量噱头,以庞大的约会阵容换取首播吸引力。制片人邵智愚表示,现在各大城市都是"剩女"严重,让女嘉宾在 100 个男嘉宾中进行挑选,一是让"百里挑一"名副其实,二是与目前流行的 1 个男嘉宾面对数十个女嘉宾的节目格局形成反差。

2. 塑造个性鲜明的人物形象

个性鲜明的人物形象对受众所形成的巨大的审美和文化张力是保证相亲节目能否收到市场欢迎的决定性因素。相亲节目之所以赢得收视,除却现实题材的文化因素外,个性彰显的主人公群像塑造功不可没。

(五)收视率与高品质应兼顾

娱乐化是相亲节目经济价值得以实现的一个途径。相亲节目娱乐化突破了传统创作模式,使相亲节目的发展呈现出一种多元化的状态。对此类节目的火爆,广电总局方面表态认可,宣传管理司司长高长力表示:"是'80 后'、'90 后'的婚姻恋爱观引起了社会各不同年龄层次人的关注,这是该类节目能够生存最关键的因素。我们并不反对娱乐性,如果给大家带来快乐,这是一件很好的事。"

娱乐元素的加入会让节目变得更好看,但对娱乐元素的过度追求会让节目一步步滑向造假和低俗。娱乐化为相亲节目发展带来更广阔的空间之时,更要警惕过度的娱乐和对市场的盲从很可能会破坏相亲节目的内在价值。再者,也并非所有的题材都适合娱乐化。

广电总局下文要求整改婚恋节目后,央视《焦点访谈》《新闻联播》中都再次强调媒体在婚恋节目中应该承担的责任。

三、电视相亲节目的发展策略

细数目前国内各类型的电视相亲节目,大大小小不下 20 个,各电视台为了保证收视率,在节目包装、节目模式、节目主持人和节目内容等方面都大做文章,力争在相亲节目同质化中突出其特色。

(一)节目包装

节目包装是电视相亲节目非常重视的方面。从《非诚勿扰》与《我们约会吧》看,这两档电视相亲节目同是借鉴英国相亲节目《take me out》,在节目包装方面自然相似,都很重视舞台场景的设计和节目的音乐效果。但是具体分析,《非诚勿扰》与《我们约会吧》存在明显差异,且都自成风格。

1. 舞台场景设计

《非诚勿扰》侧重于营造舞台的疏离感和空间的并置性,使舞台场景在壮观之外更显梦幻、浪漫之美。《非诚勿扰》的舞台场景空间设计虽然模仿《take me out》,但模仿得很成功。宽敞、大气的演播厅内,一个超大的 T 型舞台,长长的 T 型伸展台,不仅充当了连接男女嘉宾的桥梁,而且在视觉上增加了场景空间的宽敞感。在舞台最核心最耀眼的位置,24 位美丽的女嘉宾,极富优越感地审视着 T 型台中部每位前来相亲的男嘉宾。她们分两队呈扇形分布在弧形列席台上,如一道亮丽的风景,吸引着每个观众和嘉宾的目光,而舞台赋予她们的高度又疏离了她们和观众及男嘉宾之间的距离,营造出一种梦幻、浪漫的场景。现场观众以及点评嘉宾坐于舞台两边,这种舞台的布置使现场观众能轻松地捕捉到台上每一个人的表现,加强了现场参与感[1]。而在用大屏幕播放男嘉宾资料时,采用全景镜头俯拍,这样对于舞台上男

---

[1] 万铃:《从<非诚勿扰>看电视相亲节目的创新与不足》,《新闻知识》,2011 年第 9 期,98 页。

女嘉宾的一举一动,电视机前的观众尽收眼底,又增加了场外观众的参与感。最重要的是,大屏幕的运用,不仅仅使观众获得了更多关于男嘉宾的现场补充资料,而且营造了空间的并置性。《非诚勿扰》的灯光以蓝色为主调,清新亮丽,层次设计恰到好处,借助灯光的感染力,美丽的女嘉宾及其他在场人物的行为都被披上了梦幻、浪漫的色彩。这些视觉元素与节目内容相联系,让人产生一种想象的空间①。

《我们约会吧》侧重营造的是舞台的温馨感和节目的亲切感,在其温暖之上更增轻松、活泼之趣。同样是脱胎于《take me out》,《我们约会吧》将舞台设计稍加修改创新,直接用固定的台阶代替了升降梯,女嘉宾从后台突然出现在台阶上,虽没有天上掉下个林妹妹的梦幻,但依然不减转角遇到爱的惊喜,让人充满了期待。T 型台没有《非诚勿扰》那么明显,也没有那样的长度,而是相对短小可爱的造型,其中部两侧有突出的弧状设计,整体构成一个圆形,那里是主持人和女嘉宾的位置。盛装打扮的女嘉宾从高高的台阶上款款走下来,摇曳着婀娜的身姿走过 T 台,向充满期待的男嘉宾打个招呼,再返回到主持人身边,仿佛模特走秀台一样,女嘉宾将其最初的美好展现给大家。这个过程中不仅是女嘉宾用肢体语言介绍自己的过程,也是其向所有的嘉宾观众诠释惊喜的过程。《我们约会吧》的整个舞台以粉色为主调,暖暖的色调,浪漫而亲切,且男女嘉宾所处的位置并没有那么大的距离感,这样的设计使嘉宾们都可以以轻松、自然的姿态面对节目,在一定程度上也拉近了嘉宾之间及其与观众之间的距离,使节目本身倍显亲切感。

不过,与《非诚勿扰》相比,《我们约会吧》在舞台空间和灯光设计方面略显不足。首先,《我们约会吧》舞台空间比较狭小,纵然 18 位身

---

① 马丽琳:《戏剧性情节与风格化空间的融合优势—<非诚勿扰>与<我们约会吧>比较分析》,《承德民族师专学报》,2011 年第 3 期,53 页。

材魁岸的男嘉宾一字排开,也难壮其气场。尤其是《我们约会吧》嘉宾外拍的视频只是以插播的方式展现,电视机前的观众只能随着视频的进程,逐步增加对女嘉宾的了解,却看不到播放的同时舞台上其他人的反应,这种方式只能在一个时空内,呈现一种情节。影像是表现性的,它给人提供的感性的视觉愉悦,空间上的并置性本应该是电视画面的优长所在,而《我们约会吧》却消解了"空间上的共时呈现"的优势,不得不说是个败笔①。其次《我们约会吧》舞台灯光配置,可有时色系相近,且线条比较明显,给人视觉上的单调、杂乱之感。

2. 节目音效

节目音效方面,这两档相亲节目都是对不同的情节,不同的结果,都搭配以不同的音乐。如牵手成功时,为渲染出浓浓的幸福感,《非诚勿扰》播放《梁山伯与朱丽叶》,《我们约会吧》则是《这就是爱》;男嘉宾牵手失败时则分别用《可惜不是你》和《等你爱我》,以表达流荡在当事人与其他观看者心里那种淡淡的伤感和遗憾;《非诚勿扰》中男生选择心动女生时另外两位女生归位的背景音乐是《不爱,请闪开》,暗示两位女嘉宾受挫后内心依旧的骄傲,而男生向心动女生做最后告白时背景音乐为《Try》,则是鼓励男嘉宾为爱再勇敢地争取。这样,不仅增强了节目的可观性,同时也形成了节目自身的稳定性,让观众在听到不同的音乐时就知晓场上的不同情况。

此外,《非诚勿扰》还增加了综艺节目常用的搞怪声,或者具有童趣效果的音效等画外音设置,来配合嘉宾或主持人说话所创造的气氛,如比较搞笑的气氛,就会发出"唔—""嘻嘻"等声音。这种配置,使节目极富"画面感",同时渲染节目的气氛,增强了对观众的吸引力。

《我们约会吧》在音乐配置方面做得一样突出,而不同的是它没有

---

① 马丽琳:《戏剧性情节与风格化空间的融合优势—<非诚勿扰>与<我们约会吧>比较分析》,《承德民族师专学报》,2011年第3期,55页。

画外音设置,也无需设置,因为节目本身偏于娱乐性,快乐达人何炅主持中的娱乐化元素,让整个节目的气氛轻松、活泼。主持人及点评嘉宾的幽默风趣比那些搞怪笑声之类显得更灵动多姿;升级版《我们约会吧》在邱启明深沉犀利、一语中的的言语风格下,更是无需画外音和搞怪笑声的点缀。这也是《我们约会吧》的独特之处。

(二)节目模式

当前相亲交友节目用男女嘉宾数量处于"男女失衡"的状态,或"多女选一男",或"多男选一女"。在整个节目过程中,最初拥有主动权的嘉宾通过亮灯或熄灯即时且快速地表明自己是否有兴趣,加快了节目的节奏,避免节目陷入冗长、拖沓的境地,同时更为观众和嘉宾参与节目提供了便利。这种"男女失衡"的模式打破了传统的婚恋观,符合现在年轻人的生活工作节奏,也满足了她们对个性的追求,这也是节目吸引广大年轻人的重要原因[1]。

《非诚勿扰》——"多女选一男"《非诚勿扰》采用二十四位女嘉宾同时面对一位男嘉宾的模式。从节目一开始直到进入"男生权利"的环节,选择的主动权都是掌握在女嘉宾的手里,男嘉宾只是处于被女性审视的境地。这在一定程度上颠覆了男性占主导地位,女性被动接受,女性就应该表现得内敛、含蓄的传统婚恋观念。在《非诚勿扰》的舞台上,女性有了主动说话的权利,对不理想的男嘉宾,哪怕仅仅是因为其穿着打扮或令人不悦的小动作,都可以坚决地说"不"。这种表达挑战了男性传统的权威,不仅迎合了多数女性观众反传统的心理,增加其认同感,也在一定程度上暗合男性观众喜欢刺激的心理,带给他们新鲜感。

《我们约会吧》——"多男选一女"相比《非诚勿扰》,《我们约会

---

[1] 万铃:《从<非诚勿扰>看电视相亲节目的创新与不足》,《新闻知识》,2011年第9期,98页。

吧》让十八位男生面对一位女生,似乎还没有完全跳出传统婚恋观的窠臼,但是能够单枪匹马地挑战十八位男嘉宾,就已经展示了女嘉宾的今非昔比了。多男对一女的节目模式形成的对话自然是以女嘉宾的对话为中心,男嘉宾的对话边缘化。这种女为主,男为辅的对话方式实际上也是对女性话语权的一种彰显。节目中,更有不在少数的女嘉宾大胆地当面向男嘉宾表白自己的爱慕之情。这种一开始处于被动的女嘉宾所表现出的现代女性的勇敢、大方、大胆争取自己幸福的特质不亚于《非诚勿扰》中开始就占有主动权的女嘉宾。

劳拉·穆尔维在《视觉快感和叙事电影》一文探讨了女性身体形象的意义和价值,她发现窥视女性身体是男性观众获得视觉愉悦的重要来源①。而《非诚勿扰》采用"众女选一男"的形式,每期节目中都有24位娇美的女嘉宾且在戏份上占绝对优势,从而制造了更多的话题。这也是《非诚勿扰》比《我们约会吧》更受欢迎的原因之一。也正是这个原因,改版升级的《我们约会吧》改变了"多男选一女"的模式,向《非诚勿扰》"多女选一男"看齐,极大地加大了女嘉宾数量,理性科学的婚恋匹配系统"MR. RIHGT"从100名女嘉宾中挑出30为作为台上嘉宾;而《非诚勿扰》在坚持台上24位女嘉宾的同时又增加了"爱转角"的24位台下女嘉宾。

(三)主持人及评点嘉宾

麦克卢汉认为"媒介即讯息",而节目主持人就是媒介赋予其增强传播效果的媒介人物,同时又充当了一种媒介讯息。主持人作为一种信息的载体,通过自身的行为可以产生分享信息和传递知识方面的效果,也可以产生行为参照框架的作用,从而潜移默化地影响人们的认

---

① 段尚、胡彬:《中国电影的商业化出路探究》,《知识经济》,2008年第12期,96页。

识结构和信息欲求,促使人们的态度和行为有所转变①。电视相亲节目都很重视节目主持人,上场主持的几乎都是各个电视台的当家主持、台柱子。

《非诚勿扰》与《我们约会吧》,在主持人的选择上都是名牌主持人的战略。《非诚勿扰》的主持人孟非在主持该节目之前,就已经因为主持民生新闻《南京零距离》获得了很高的声誉。风格沉稳、睿智,临场反应挺快的,最主要的是废话不多,说出来的都在点子上,处变不惊,无论是节目的把控、高潮调动,还是突发事件的巧妙缓解,都能处理的得当。《我们约会吧》的主持人先是何炅,国内娱乐界的金牌主持,自1998年起,主持湖南卫视的《快乐大本营》栏目长达十余年。主持幽默诙谐,柔婉亲切。后是邱启明,前中央电视台新闻频道《24小时》的主持人,在节目中犀利不减,"邱式表达",还原节目真实、善良本原,让所有观点在同一舞台上,以绝对平等的状态交流碰撞,让《我们约会吧》成为"小舞台,大社会"。他们的优秀有口皆碑,他们的"知名度"不仅有助于把原先节目的观众带到这个节目中来,而且在一定程度上保证了节目的质量。

对于节目价值导向的把控,点评嘉宾同样起着举足轻重的作用。《非诚勿扰》的点评嘉宾乐嘉,作为色彩性格专家,非常擅长心理分析;黄菡以其女性视角像母亲给儿女的婚姻把关一样,在节目中适时地从不同角度给嘉宾以针对性的有指导意义的建议和提示。这些建议和提示增加了节目的深度和厚度,帮助嘉宾撇开世俗的表象,挖掘人物内心最真实的东西,便于他们做出正确地选择,同时吸引了更多的场外观众对节目的关注。而《我们约会吧》点评嘉宾是"美女团"的五个人,她们都是没有经历过婚姻的女性,有的甚至还是在校大学生,节目

---

① 万铃:《从<非诚勿扰>看电视相亲节目的创新与不足》,《新闻知识》,2011年第9期,99页。

过程中主要是补充一些嘉宾的个人信息、极力撮合男女嘉宾或者就是搞活气氛。她们不是增加了节目的深度而是节目的热闹度也就失去了相亲交友节目把关建议的意义,而是增强了节目的娱乐化。升级版的《我们约会吧》则直接去除了评点嘉宾,完全成了主持人邱启明的舞台。

(四)节目内容

相亲节目要好看,叙事方面就不能平铺直叙,男女嘉宾要吸引人,就要有故事,善于表达。所以电视相亲节目在叙事和挑选嘉宾方面都有严格的要求:

1. 叙事的戏剧性与冲突性

《非诚勿扰》的节目编排也很有创意。《非诚勿扰》节目采用并列的结构编排,每期节目五位男嘉宾来相亲。每个男嘉宾从出场到离开就是一个独立的寻爱故事,每期节目都似一本故事集,而每个故事通过"爱之初体验""爱之再判断""爱之终决选"三步来让读者了解同一个男嘉宾,流程清晰,节奏明快。每个故事都有一个小高潮,每一期节目都有一个大高潮,此起彼伏,趣味无穷。看似简单的情节,却充满了悬念和冲突。

《非诚勿扰》出于蓝而胜于蓝的地方在于它设置了《take me out》中没有的男嘉宾用表决器选择心动女生的环节,它使观众知道了男嘉宾的心意所在,同时也为"看戏"的观众及在场的嘉宾、主持人留下了一个悬念:他们最终能走到一起吗?引导大家一块儿去寻求答案。当然,这一环节在情节上的作用,实质是设置了区别于节目环节的另外一条情感线索,它是男嘉宾与心动女生之间关系的纽带。而男嘉宾又同时面对二十四个不同背景、不同收入、不同需求、不同教育程度甚至不同国籍的女性。这种一对多的绝对不平衡的情况下,女嘉宾即时地亮灯或熄灯,嘉宾间不断的提问和话语冲突营造出了强烈的戏剧效果。如果男嘉宾被台上的24位女嘉宾全部拒绝,面临失败之际,如果"爱转角"的女嘉宾有人站起,峰回路转,男嘉宾照样有牵手成功的希望。

《我们约会吧》与《非诚勿扰》环节和结构形式基本相似,它是通过"第一印象""基本展示""补充展示"三个环节来了解女嘉宾,每期节目有十八位男嘉宾与五位女嘉宾来相亲。只是节目所表现的戏剧意味略显寡淡,没有特别风格化的人物,没有特别吸引人的故事情节,甚至没有明显设置选心仪对象的环节,只是女嘉宾在登台之前向"美女团"象征性地表示了自己最初的心意,而其他人一无所知。这样在嘉宾人数较多的情况下,焦点没有放在重点人物身上,呈现给观众的总体感觉,像"散文"一样,节奏缓慢,缺乏冲突性和戏剧化的观赏趣味。并且《我们约会吧》的嘉宾没有《非诚勿扰》那么多元化,尤其表现国籍种族方面,自然话题就没有那么丰富和富有冲突性。内容的精彩度也就不如《非诚勿扰》了。升级版的《我们约会吧》,由于采用《非诚勿扰》式的"众女选一男"形式,内容精彩度和趣味性有较大提高。

2. 男女嘉宾选择:有故事、善表达、多元化

《非诚勿扰》和《我们约会吧》两个节目在男女嘉宾的选择上,体现了共同的标准:有故事、善表达、多元化。《非诚勿扰》节目主编李政认为,对于嘉宾的甄选,两方面很关键,一是多元化,希望嘉宾在年龄、职业、经历等方面都表现出多元化;一是善表达,如今的电视相亲节目不像只用贴照片、填资料的普通交友网站,节目中的嘉宾需通过镜头面对亿万观众。而多样性也就意味着故事和话题。因此,挑选的嘉宾要具有多样性、故事性和善表达是此类节目一致追求的。

《非诚勿扰》与众多电视节目特别是婚恋类电视节目相比,最大的差异化在于先期挑选嘉宾上[①]。节目中24位佳丽年龄主要集中于25

---

① 邱倩雯、蔡之国:《江苏卫视＜非诚勿扰＞成功因素探析》,《电影评介》,2010年10期,82页。

岁至 35 岁,跨度较大;职业多样,有公务员、作家、企业高管、销售员、科研人员、外国留学生等;舞台上甚至还有双胞胎姐妹一起相亲的现象。这样多元化的嘉宾必然给观众带来丰富多彩的故事,也满足了他们的猎奇心理和看戏心态。李政表示,在每期 5 个男嘉宾中,必然有一个形象不错的,有一个职业不错的,一个曾经有过丰富感情故事的、还有一个敢于表达某种价值观的,这种差异化的选择使节目在有限的时间内有更多可看的内容[①]。与其他同类节目相比,节目嘉宾也越具有差异性。而这种差异性,必然带来多元化的价值观和具有争议性的话题,增加节目的深度,同时也引发观众对那些话题的思考。《非诚勿扰》的嘉宾最独特的是风格化人物形象的设置。每个女嘉宾的站台前都会有一个标签,介绍人物的主要特点,而男嘉宾或坚韧强势,或幽默风趣,或文质彬彬。这样设置归根到底就是突出人物本质,"黑就比生活更黑,富就比生活更富",在观众心理上建构几个可爱的人,几个可恨的人,使观众在期待中追随一期又一期的节目[②]。

《我们约会吧》甄选嘉宾也力求差异化,每一期的嘉宾都是有着不同职业,年龄,背景,学历,价值观,甚至国籍。值得一提的是,《我们约会吧》节目的嘉宾较之于《非诚勿扰》在年龄上要偏小一点儿。嘉宾的年轻也就多少会缺少故事性,表达能力也就不比更成熟些的嘉宾。没有风格化的嘉宾,自然也没多少关注点,以至于观众缺乏观看动机。

女性和男性的婚恋观上是有些差别的,所以《非诚勿扰》上女嘉宾所提话题或问题会相对多一些、更有实际意义一些,"三个女人一台戏",更何况是 24 个呢;而《我们约会吧》男嘉宾的问题相对表面且碍

[①] 万铃:《从<非诚勿扰>看电视相亲节目的创新与不足》,《新闻知识》,2011 年第 9 期,99 页。
[②] 马丽琳:《戏剧性情节与风格化空间的融合优势——<非诚勿扰>与<我们约会吧>比较分析》,《承德民族师专学报》,2011 年第 3 期,54 页。

于怜香惜玉的心情,很少会提略微刁钻的问题。缺少具有可看性和争议性的话题,节目就显得不免单薄。好在升级版的《我们约会吧》在这方面有了较大提高。婚恋匹配系统"MR. RIHGT"的适用多少也增加了一些理性精神和科幻色彩。

以《我们约会吧》与《非诚勿扰》为代表的电视相亲节目,精益求精,力求突破,在节目包装、节目模式、节目主持人和节目内容等方面进行了有益的探索和尝试,在众多同类节目中脱颖而出,走出了一条同质化中的差异性竞争的发展之路。

四、相亲类节目发展趋势

虽说电视相亲节目存在诸多争议,恰说明电视相亲节目相当火,才能引起如此大的关注。但经全面整顿、改版后的此类节目是否拥有原本的魅力?电视相亲节目未来需如何生存?

爱情是人类最美好的主题,是永恒的内容。在媒体内容日益平民化的今天,相亲类节目巧妙地将爱情这个高雅题材和普通大众这个平民视角联系起来,找到了"普通人的婚恋"这个契合点,使得内容优势成为节目的一大亮点。此类以谈婚论嫁作为栏目的基础内容,从而使栏目内容具有一定的长期限和稳定性,并在某种程度上增强了栏目对观众的拉力。

相亲节目可以成为价值观的辩论场,却不应是非主流价值观的传播地。在嘉宾选择、话题引导、内容呈现等节目制作的重要环节上,需严把质量关。对可能出现的社会道德导向偏差,在播出前应有清醒的认识,提高主创人员的警觉和辨别能力。[1] 节目中的嘉宾自我展示都应在"爱情"这顶纯洁的帽子下进行的,如此既增添了节目的娱乐色

---

[1] 方铭:《今日相亲为哪般?国内电视相亲节目的现状分析》,人民网,2010 年 10 月 26 日。

彩,节目空间也尽可能大的释放,在一定程度上增加了节目的娱情效果,从而使得节目能保持持久的鲜活度。

电视相亲类节目应始终以受众需求为主体,处于不断变化之中,才可较长时间受到观众认可,保持稳定收视率,进一步探索更合理有效的相亲类节目的策划和制作方式,才能从根本上解决目前的问题和矛盾,让相亲类节目迅速、健康地发展,给观众展现一个爱和温馨的节目。

第五节　电视综艺娱乐节目发展策略

近几年来电视综艺娱乐节目发展如日中天,据不完全统计,目前全国各大卫视有200档左右的综艺节目。各地方台播出的综艺娱乐节目中,湖南、安徽、上海、北京等地卫视的栏目个性突出,新颖独特,吸引了大量的观众。相比之下,山西电视综艺娱乐节目知名度就低多了,但以《老梁故事汇》为代表的脱口秀类节目、以《歌从黄河来》为代表的歌唱选秀类节目、以《走进大戏台》为代表的戏曲栏目及有着各种搞笑小品的《大腕喜乐汇》等山西电视综艺娱乐栏目,虽然知名度和收视率不高,但也有其自身的特点。本节以山西电视综艺娱乐节目为例探讨电视综艺娱乐节目的发展策略。

一、山西电视综艺娱乐节目的特点

(一)节目文化色彩、地方特色浓厚

山西电视综艺娱乐节目的内容多与地方民俗、文化继承、中国古代传统文化和中华传统美德有关。其根本原因是山西自古以来便是一个文化大省。山西历史从尧舜禹到夏商周再到三晋时期,形成了其特有的地域文化。山西卫视的频道定位为"晋显中国风",突出其厚重的华夏文明三晋文化,其核心理念便是中国元素,希望将中国传统文化中的精华传承下来,综艺娱乐栏目也文化色彩强烈。如《歌从黄河来》是一场民歌盛宴,充分体现了以现代化技术手段表现传统文化之美。节目将歌曲与民俗风情相结合,通过表演竞技的方式角逐歌王从而发扬民歌,展示民歌风情和民族艺术之魂。《老梁故事汇》是著名名嘴梁宏达主持的一档互动式娱乐脱口秀节目,通过谈论吸引观众的人文话题,加之其风趣幽默的讲解方式吸引了许多观众并且以其渊博的学识和独到的见解让观众在古今中外的故事中体会真情、看透真相。

传统的戏剧表演和民间杂耍也成了山西的一大特色。因此山西电视综艺娱乐栏目的制作中也尽量保留了其本土特色,突出戏曲艺术、民族风采和三晋文化。《走进大戏台》立足山西地方戏曲艺术,突出地方文化特色。除了为广大群众送去了他们喜闻乐见的蒲剧、晋剧、北路梆子、二人台等丰富多彩的戏曲艺术之外还通过表演竞技的方式展现地方民俗使全国各地的山西老乡都可以欣赏到家乡浓浓的乡音。

(二)节目文艺色彩强烈、栏目教育性强

从《黄河儿女情》起步,山西卫视文艺节目取得了长足的发展。《五彩缤纷》长盛不衰表现了三晋大地多彩的艺术形象,互联网时代的《歌从黄河来》也运用现代化技术手段充分显现了综艺栏目的文艺色彩。歌舞剧《黄河儿女情》通过大型的民俗舞蹈展现了山西强烈的文艺色彩,其浓郁的乡土气息的创作理念成了舞蹈艺术中的又一个里程碑。大型文艺片《黄河儿女情》《走西口》《歌从黄河来》都展现了山西地方文艺的长足发展。节目歌舞片、专题艺术片、杂技舞蹈表演等各类艺术表演形式并存并不断地发展扩充,富有生命力、创造力、文艺色彩强烈。

山西电视综艺娱乐节目在传承文化的同时,还在发挥寓教于乐的作用,通过电视传播对受众进行思想政治教育。如《大腕喜乐汇》是将往期各地各类型搞笑小品进行汇总并在每天下午 5:30 准时播出,冯巩的《让一让生活真美好》、赵本山和宋丹丹的《火炬手》、郭达和蔡明的《浪漫的事》、小品《军嫂上岛》等播出的节目无一不在娱乐大众、放松生活的同时教育广大收视者珍视亲情友情和爱情,为社会传播了正能量。

二、山西电视综艺娱乐节目存在的问题和相应对策

(一)节目类型单一,环节缺乏创意,制作简单

山西综艺娱乐节目仅有脱口秀《老梁故事汇》和歌唱竞技类的《歌从黄河来》《走进大戏台》这几档综艺娱乐节目,国内比较盛行的明星真人秀类、婚恋职场类、益智游戏类等综艺节目都没有涉猎。综艺娱乐节目类型过少,观看的年龄层和覆盖的人群有限,因而收视率受到了严重的影响。

山西电视综艺节目所呈现的视觉效果太差且环节单调不新颖。画面粗糙不清晰、舞台设计过于简陋、灯光照明不美观、后期剪辑不生动逼真等多重因素导致其节目观赏性下降。如《歌从黄河来》,同类型的节目如湖南卫视《我是歌手》的整体呈现效果便远远高于山西卫视的《歌从黄河来》,其话筒、音响、现场乐、节目舞台的灯光效果等方面都很重视,与音乐的意境完美贴合,在赛制上《我是歌手》采用普通赛、突围赛、踢馆赛、半决赛、决赛五重赛制。节目有歌手入场、抽签排位、致敬专场、专设歌手经纪人等多种环节,增强了节目悬念、吸引了观众眼球。相比之下,《歌从黄河来》只有首轮演唱、挑战百姓唱将、挑战明星唱将三道关卡,环节设置单调,而且歌曲类型局限于民歌,节目整体呈现效果也就不如人意。节目舞台的设计也一定要与每期的节目内

容相符,不能一成不变。可以利用灯光的变换、幕布的背景、舞台的形状等多种方式配合节目场景,给观众身临其境的感觉,这样更容易带动观众情绪。节目组应提前设计一些需要速度、智慧、推理、力量的游戏环节让主持人、嘉宾和观众挑战,增强节目趣味性。

电视综艺节目为广大观众喜闻乐见,具有较强的视听综合艺术性和广泛的群众基础,要想综艺节目达到预期效果,一定要做好摄影工作和后期的处理制作。"摄影机镜头把参与节目的所有人的表现一点一滴都记录下来,能够很好地满足人们地窥视欲望。运用画面和声音给受众讲故事,使受众在观看时更有现场感和刺激性[1]"。特定的背景音乐和音效使用也可以达到意想不到的效果,在抒情或有感动的镜头出现时可以播放舒缓的音乐,嘉宾出场时可以播放动感的音乐,而当有搞笑镜头出现时恰当的漂浮字幕动画或奇怪的声音来夸大笑点增强戏剧性。

为了满足观众需求,山西电视综艺娱乐栏目应丰富节目类型,着手发展娱乐性强的综艺节目。明星真人秀类的综艺节目就是一个选项,明星真人秀能给观众看不到的明星体验,拉近了受众和明星之间的距离,来吸引更多年龄段偏低的群众。

(二)节目缺乏知名主持人和知名度较高的嘉宾

好的节目不仅需要好的节目内容和环节设置还需要优秀的节目主持人、绚丽的舞台效果、精良的后期制作、恰当的节目嘉宾等,为此应加强团队专业化建设,打造一支"善于学习、极度敬业的节目制作团队"[2]用高效摄影和精良剪辑来吸引观众。

---

[1] 冯娟:《试论<奔跑吧,兄弟>制作成功的原因》,《山西广播电视大学学报》,2015年第1期,第94页。

[2] 杜晓红:《电视文化中的"快感"问题研究》,北京:中国书籍出版社,2013年版,第88页。

一名优秀的综艺节目主持人不仅需要美的外表,还需要进行专业化的培训,主持人自身一定要博学多才,学习各种特长也要能够带动现场气氛,与节目嘉宾进行有效的互动问答。纵观国内各大电视台的综艺娱乐栏目都是由本台最具知名的主持人担当,山西电视台现有综艺娱乐主持人的知名度明显不够,需要定期地对主持人的仪容仪表、肢体语言、特长爱好等进行专业化的培训,在选拔主持人时做到全方位考量。

山西电视综艺节目国民关注度低的又一因素是因为其缺少明星加盟及娱乐热点。无论是《走进大戏台》还是《歌从黄河来》都是从平民百姓中挑选戏曲和民歌爱好者进行角逐竞技而很少有明星大腕的参与,没有明星效应的综艺节目自然群众关注度和话题热议度不高。对比之下《快乐大本营》每期一个主题,都会邀请当下受关注度颇高的演员和歌手当嘉宾,《我是歌手》邀请的也都是歌坛首屈一指的唱将,如韩红、李健、孙楠、羽泉、杨宗伟等。

每个综艺娱乐节目也都应对特定的观众群体选择相应的明星嘉宾,增强节目互动、丰富节目内容。山西电视台可以邀请一些知名度较高的综艺偶像型艺人助阵综艺节目,趣味的游戏加之明星效应相当博取观众眼球。或者可以邀请一些知名艺人参加明星真人秀节目,通过一起旅游的方式,将人、景、生活相结合,用真实记录明星日常生活的方式来满足观众好奇心,从纪录生活中的点滴小事打动观众,从而达到娱乐教育的目的。

(三)节目宣传推广力度不够,缺乏品牌效应

山西电视综艺节目缺少知名度的首要原因是宣传不到位,缺少节目应有的海报宣传、网站宣传、微博宣传等等。调查显示,截止到2015年6月1日,山西电视台的新浪微博粉丝共214万人,《老梁故事汇》粉丝17734人,《歌从黄河来》粉丝44031人。而时下热门综艺节目

《快乐大本营》官方微博粉丝数则达到819万人,《我是歌手》也有297万余人。在每次节目开播前湖南卫视各大综艺节目就已经做好了各种宣传,包括海报张贴,微博头条热议,主持人透露节目细节,嘉宾与主持人聊天互动等多种方式吸引了观众的注意力。山西电视的微博互动率却很低,状态更新慢、评论寥寥无几。

　　山西电视综艺节目要想脱颖而出,被更多的观众朋友了解和喜爱就必须通过网络平台随时与观众保持密切的互动,从而树立良好的形象和口碑,提升节目知名度和影响力。电视台应该聘请专业的网络公关形象维护人员,第一时间更新公众平台节目信息,让观众快速了解节目动态并与观众进行互动交流;了解大家的观看意愿并接受中肯建议,树立良好的品牌形象,更好地将节目信息和服务理念传递给观众。

结　语

　　电视综艺娱乐节目发展迅速,获得了许多观众的喜爱,但同时也存在一系列的问题。电视台应抓紧改革步伐,要集中优势资源打造一两档知名综艺娱乐栏目,既要以其特有的地域文化和民族特色取胜,又要博采众长丰富节目类型、设置新颖的游戏环节,还要加强节目网络宣传和聘请专业的制作团队,下大力气进行推广宣传,这样电视综艺娱乐栏目才能够越走越好,从而在激烈的竞争环境中脱颖而出。

第六节　电视剧发展策略

　　电视作为一种音像节目的大众传播媒介,是20世纪全人类的重大发明之一,是人类认识世界和改造世界的一个划时代的标志。电视剧是随着电视广播事业的诞生而发展起来的,它是融电影、戏剧、文学、音乐、舞蹈、绘画等诸多因素于一体,在电视荧屏上播映的一种演剧形式,是一门综合性艺术很强的演艺艺术。随着经济的发展,人民群众在物质生活极大丰富的前提下,对精神生活的需求也日渐提高,电视在老百姓的日常生活中所占的比重越来越大,电视剧成为平民百姓不可或缺的精神食粮。

一、电视剧翻拍现象

近年来,电视剧翻拍在电影电视剧中的大量使用正渐渐从一种流行蜕变为常规的表现样态。据了解,目前加入翻拍行列的,一是根据中国古典名著改编的电视剧,如吴子牛版《水浒》、张纪中版《西游记》、李少红版《红楼梦》、高希希版《三国》等;二是电影,如《手机》《孔子》《古今大战秦俑情》《画皮》《建国大业》《风声》等将纷纷开拍电视剧版;三是经典电视剧,如由刘德凯、王艳主演的《流星蝴蝶剑》,富大龙、周杰等主演的《京城四少》以及播出仅几年的海岩剧《永不瞑目》《拿什么拯救你,我的爱人》《玉观音》等。

湖南卫视可谓引领了内地电视市场翻拍风潮,《又见一帘幽梦》《一起去看流星雨》《丑女无敌》都出自湖南卫视之手。在湖南卫视的带领下,全国各大卫视开始大举跟风,纷纷宣布自己也将投资翻拍各类经典电视剧,而现在,湖南卫视他们又将翻拍重点放在了《还珠格格》上。

电视剧翻拍俨然成了中国影视创作的主流。其实,翻拍在影视界一直存在,只是如今翻拍的规模、数量、速度、阵容,都比过去更大、更多、更快、更强了,可谓琳琅满目,蔚为壮观。眼下,经典电视剧的翻拍大都标榜"将以新技术、新故事、新思路、新创作的定位,打造一场精彩绝伦的视觉盛宴"。

(一)电视剧翻拍蔚然成风

不少业内人士注意到,"翻拍"正在成为剧作方"通吃"不同收视群的灵丹妙药,青海卫视节目播出部有关人员简单分析了翻拍剧红火的原因,"翻拍剧本身就会有一定观众基础,翻拍后融入新元素后又能吸引新观众,较容易承受高风险,电视台也愿意买翻拍剧"。

"翻拍"中,一个新的现象是电视翻拍与电影的捆绑开始愈发紧密:与《唐山大地震》几乎先后脚开始运作的同名电视版就是一个例子,此后《风声》《建国大业》也纷纷仿效。

经典的观众群已经形成,在吸引眼球方面一上来就能先声夺人,可借助原先影响力招徕观众,市场价值有保证。像这种基本属于低风险、高收入,自然会被制作者当作一条急功近利的捷径。

北京电视艺术中心主任郑晓龙也表示,原创作品的创作很难,需要深入生活、漫长的积累,要反复斟酌,甚至很多年才能磨出一部作品。重拍经典可以走捷径、搭上顺风车,改编起来也要省力得多。

(二)电视剧翻拍流行的原因探析

传播学角度看,"流行是指新的行为或思维方式在社会群体成员中,逐渐普及形成的集合现象",具有暂时性和现实性的特征。众多电视剧自发的翻拍正是在不断地向受众演示其行为和思想特征以及代表的文化,一时间形成了具有规模效应的流行现象。究其翻拍流行的原因,笔者认为至少有以下几点:

1. 满足受众的批判心理

英国传播学者D.麦奎尔认为,如果从市场的角度考虑问题,受众可以定义为特定的媒体或讯息所指向的、具有特定的社会经济侧面的,潜在的消费者的集合体。[1] "受众即市场"。从一定意义上讲,经典电视剧翻拍满足了受众"期待视野"中的批判心理。翻拍电视剧作

---

[1] 郭庆光:《传播学教程》,北京:中国人民大学出版社,1999年版,第177页。

为一种文化产品,它具有区别于其他消费产品的特殊性——满足受众的批判心理。

安德鲁·豪顿(Andrew Horton)和斯图亚特·麦克道格尔(Stuart McDougal)也说过,"翻拍片通过片名和/或者叙述本身来声明它受益于先前影片,有意无意地引领观众去享受文本之间经过处理的差异……唤起了一种双重的愉悦,因为它们提供了我们先前已知的东西,但却赋予其以全新、至少是不同的解读、表现、曲径、发展以及结果"。① 在受众观看翻拍电视剧的过程中,这种双重的愉悦占据着重要的部分。因为受众在心理上普遍存在着"期待视野":即在观看翻拍电视剧的过程中,受众会对翻拍的电视剧中的故事情节、演员表演等产生相应的期待值和比较心理,也就是说受众会带有一种批判的眼光来看待翻拍电视剧,对两个版本的文化差异产生一种比较。

受众的期望值或表现为希望翻拍电影超越、重构经典,抑或表现为认定经典不可超越,从中得到批判比较的快感。而这两种期待,都能够满足受众的批判心理。其实翻拍本身就是噱头,前后版本对比、挑战经典,无论对电影本身还是对演员,都有话题。要是跟风的作品,更可以打着"比前一个更好"的旗号,这样的作品,宣传时会省下很多麻烦。省钱省力的事,制片方自然愿意去干。

2. 影视圈名人作为"把关人"的主导作用

"把关人"理论认为,把关人很大程度上决定了信息是否能顺利进入流通环节。电视剧作品中,导演、编剧、演员都扮演着把关人的角色,他们在电视剧创作和再创作过程中起着主导作用或掌握了一定的话语权。他们中许多人对翻拍持赞成支持态度:

著名导演张纪中就说:"每过一段时间就会出现翻拍剧,其实不是

---

① 刘秀雅:《永恒的缠绵:翻拍片与香港、好莱坞电影的双向指涉》,《上海大学学报》,2008年第2期,第60页。

什么大惊小怪的事情,也没有什么错,我觉得没有翻拍就没有进步……"①经典这个东西过了一段时间,随着人们的认识,随着时代的进步,也应该与时俱进,因为有很多新的想法、新的技术可以去实现。就是在这种思想指导下,张纪中翻拍了一部又一部的金庸武侠剧。

著名作家、编剧海岩认为:"不管是文学作品,还是影视剧作品,经典文化有它的文化重温价值,它唤起的是人们珍贵的文化记忆。"他表示,时代不同,人们对作品的理解也不同。如果翻拍能适当加入现在的文化理解元素,那么翻拍无疑会起到文化和现实性沟通的作用②。

近年来,随着翻拍剧的导演、编剧和演员在影视圈的地位和影响力越来越高,如编剧海岩,导演高希希、李少红、张纪中,演员陈建斌、陆毅、何润东、陈好、归亚蕾,这些名人因为自身的力量和优势客观上降低了翻拍剧进入电视剧作品的门槛,确保传播渠道的通畅,增加了翻拍电视剧中出现的频率。

3. 延续经典的需要

如果没有翻拍,旧的版本就失去传承,就彻底走进了历史,成为一些人的陈旧记忆,翻拍可以使旧的版本重新唤醒一些人的记忆。好的题材需要新的演绎,题材如一座大矿藏,第一次挖掘由于技术条件必然会对资源利用不足,新的发掘就能够更充分地利用资源。

就一般意义而言,有些经典电视剧之所以值得一再地"深耕细作",是因为经典本身的生命力所致,事实上,经典就应该不断地重复改编和创作,正如莎士比亚的那些著名戏剧,人们一遍遍地改编,却总是一遍又一遍地收获惊喜。我们之所以会在不同的时期,尤其会在社

---

① 张学军:《"新西游"转场北京 张纪中:没有翻拍没有进步》,《北京娱乐信报》,2009年10月9日。
② 吴成贵:《影视剧翻拍成风 如此文化记忆相见不如怀念?》,《华商报》,2009年12月1日。

会转型和文化重建的时候不约而同地关注名著,重读经典,就因为它可以唤起我们新一轮的体验,可以使我们在面对现实而手足无措的时候重获资源,重拾信心。从这个意义上来看,名著又是动态的,是可以供后人不断诠释和不断改编的。也正是在后来一次次的诠释和一次次的改编中,名著才显示出它超越平庸之作的持久光泽。著名表演艺术家斯琴高娃认为,任何一个编剧、导演都有权站在自己的角度重新诠释名著,观众也有权"挑刺"。让新旧版本一起"登台打擂",由大家对比审视,这有助于中国传统文化的传播①。

真正意义上的翻拍是一种再造经典的过程,它甚至比原创作品更艰难、更痛苦、更费工夫,因而也更显功力。而再造经典关键就在于使原作中得到肯定的思想意识、精神内核和价值理念得到进一步的升华,同时注重发掘传统文化中的当代价值。只有发掘出与时代特色相结合的那些内在意义,才能引起当代观众的情感共鸣和理智认同,也才能"叫好又叫座"。因此从某种意义上说,任何一部经典电视剧的被翻拍,固然是受到了投资方商业利益的强烈驱动,又不能不说是现实的一种需要,是代有传承的艺术工作者尊重艺术、尊重文化、尊重经典的一种能动体现。

此外,经济利益的驱动无疑也是电视剧翻拍流行的关键因素。随着艺术进一步的大众化、通俗化和商品化,艺术品的生产进入了欧洲学者本雅明所称的"机械复制"时代——机械复制把艺术品从其对宗教仪式的寄生状态中解放出来,作为艺术品之一的电视剧也开始了大规模的复制生产。翻拍电视剧整个制造周期相对较短,容易在最大限度上满足受众对于艺术品快速批量生产的需求,从而极好的满足受众的审美期待,再加上选择翻拍的电视剧都具有良好的口碑,已树立了

---

① 周宁、牛纪伟、白瀛、闫鹃、王清霖:《评论:历史剧翻拍如何解决艺术与商业悖论》,《深圳商报》,2010年8月9日。

一种品牌，也更容易吸引观众。因此，出于经济利益的驱动，对电视剧翻拍的热衷也在情理之中。

对投资者来说，翻拍那些口碑极好且有一定观众缘的电视剧更保险，既讨好观众怀旧心理，又可避免钞票打水漂。此外，一部新剧从获批拍摄到剪辑上映手续繁杂，权衡利弊，投资商认为反倒不如"翻旧货"，加之标榜"新剧本、新班底、新技术"以引起观众足够的兴趣，这样既省事又省钱。湖南广电集团电视剧制作中心主任谊进在谈到湖南卫视为何热衷翻拍的热播电视剧时表示：这种方式很讨巧。"所有电视台翻拍的电视剧无一例外是曾经的热播剧，都是经过市场考验的，无论从品牌炒作还是后续的市场运作都有原创剧无法比拟的优势"。[1] 新版《亮剑》制片人冯薇薇的认同，"现在各电视台的竞争太激烈了，什么才能吸引观众的眼球，翻拍热播剧无疑是方法之一，我们不用花那么多工夫向观众解释我们做的是什么，在关注度上，翻拍剧就已经占了先机。[2]"显然，热播剧珠玉在前，给翻拍剧带来的商业价值，是大部分翻拍剧的"先天"动力。

翻拍热门电影对电视剧拍摄而言，更可谓"一本万利"，节约了成本，光道具就能省不少钱，再加上营销上几乎零成本投入便能坐收渔翁之利。虽然电视剧可能在电影之后才播出，但正好能借着电影的势头再热一把。这样算起来，不仅片方卖出版权不成问题，收视率和人气也能有保证。

另一种意义上说，"翻拍其实是种无奈之举"，谊进这样解释湖南卫视为何青睐翻拍剧的原因，"对于电视台而言，买进原创剧其实是件

---

[1] 徐松兰：《电视剧翻拍成风为哪般？叫板经典　翻拍剧占先机》，《深圳商报》，2010年6月22日。
[2] 徐松兰：《电视剧翻拍成风为哪般？叫板经典　翻拍剧占先机》，《深圳商报》，2010年6月22日。

非常有风险的事。我们翻拍《流星雨2》每集投入40万,而买入《杨贵妃秘史》每集要100多万,《流星雨2》中我们还有很多植入广告,相比而言,《流星雨2》可以说是零风险。在这种情况下,作为企业也要权衡投入产出,根据以往经验,翻拍剧本身就很有噱头,对广告商的吸引力很大,我们何乐而不为呢?"①

总之,电视剧的翻拍虽然有众多非议,或许一定程度上也是文化创新能力降低的体现,也存在水平参差不齐的现象,但翻拍毕竟还是满足了受众的部分需求,有利于经典的延续,所以在争议声中翻拍仍是盛行不衰有愈演愈烈之势。

二、网络小说的电视剧改编现象

(一)网络小说电视改编概述

1. 网络小说电视改编的概念

网络小说,是由网络作者原创,以网络媒介为首次发布平台,并在网络上阅读、反馈、传播的文学作品。像本文所说的《琅琊榜》,就是由网络作家海宴原创,于2006年在起点中文网首次发布,作品在网络上被读者阅读,反馈。这就是本文界定的网络小说。

改编是在文学原著基础上进行的再创作。运用影视的思维方法,将语言描绘的文学现象形态或舞台框框中的戏剧现象形态,加工改造成为银幕的时空中可见可闻的流动画面形态,从而创造出银幕典型和银幕意境。② 网络小说的影视改编可分为网络小说电影改编和网络小说电视剧改编。通过电影编剧对网络小说改编,并拍摄成电影,在电影院线、视频网站播出的形式被称为网络小说的电影改编;通过电

---

① 徐松兰:《电视剧翻拍成风为哪般? 叫板经典 翻拍剧占先机》,《深圳商报》,2010年6月22日。
② 王庆生:《文艺创作知识辞典》,武汉:长江文艺出版社出版,1987版。

视编剧将网络小说改编为剧本,并拍摄成电视剧,在电视、视频网站播出的形式被称为网络小说的电视剧改编。和传统电影、电视相比,主要区别在于网络小说改编剧的剧本来自网络小说。本文的研究对象,网络小说的影视改编,主要指网络小说改编的电视剧形式。

2. 网络小说电视剧改编的现状

2000年网络小说《第一次亲密接触》和影视产业的携手拉开了网络小说改编影视剧的序幕。在这之后,《爱上单眼皮男生》《蜗居》《裸婚时代》《步步惊心》《后宫甄嬛传》等等作品接踵而出,部分作品成绩不俗。十余年来,网络小说改编在一部部作品的探索中稳步前进。2015年网络小说改编影视剧更是火爆荧屏,由网络小说改编的电视剧《花千骨》《芈月传》《伪装者》《琅琊榜》等作品先后被搬上荧幕,相继掀起收视高潮,网络小说影视改编的社会关注度空前高涨。新媒介的发展促进网络文学和影视产业频频"联姻",优质网络小说IP[①]以其巨大的潜在商业价值被资本市场看好,前景一片光明。

(二)网络小说改编剧《琅琊榜》成功的原因

54集的长篇电视剧《琅琊榜》改编自海宴的同名网络小说,由孔笙、李雪合力执导,胡歌、刘涛、王凯等人联袂主演。该剧讲述了主人公梅长苏以病弱之躯为昭雪多年冤案、扶持明君、振兴山河进行的一系列斗争,谱写了一曲血与泪的赞歌。

该剧于2015年9月19日登陆北京、东方两大卫视首播,口碑与收视俱佳,一举斩获"飞天奖"优秀电视剧和国剧盛典十大影响力电视剧,并入选广电总局2015中国电视剧选集。于2014年10月13日亮相戛纳电视节,海外版权迅速售出并创下业内海外版权销售高价。于2015年10月19日登陆中华TV韩国首播,反响热烈,韩国旅行社更推

---

① IP:Intellectual Property,知识产权

出"琅琊榜之旅",不少韩国影迷身穿梅长苏同款披风前赴象山影视城等地朝圣。于 2015 年 11 月 3 日登陆华视主频道台湾首播,播出尚未一周,即荣登无线三台八点档时段收视之冠,创下华视近年来戏剧节目最高收视。于 2016 年 5 月登陆 TVB 翡翠高清台香港首播,该剧是内地制作出品的影视剧中,首部登陆香港 TVB 翡翠台黄金时间的电视剧。《琅琊榜》能从激烈的市场竞争中脱颖而出,成功的背后是诸多因素助力的结果。

1. 文本内容的影视化潜力十足

明亮的故事主题、风骨卓然的人物形象、戏剧性的故事情节充实了文本内容,小说内容的影视化潜力十足。

(1)明亮的故事主题

故事主题传达出作品的世界观、历史观和价值观。同作为历史题材小说,如果说《甄嬛传》是对中国封建皇权的反面批判,那么《琅琊榜》则是对中华优秀传统文化精神的正面发扬,而且《琅琊榜》更具有价值引领意义。

主人公梅长苏虽历经赤焰冤案,却并未局限于泄私愤式的复仇,摆脱了个人恩怨的框架,不以翻案为唯一人生目标,而是以病弱之躯努力实现理想朝局理想天下的追求,他身上的家国情怀,最能感召中华儿女团结奋斗。而且,梅长苏与靖王对计谋运用中可能沾染的暗黑色彩所持的谨慎态度,使观众正确地认识到了中国古代智慧。《琅琊榜》通过否定冤假错案而肯定事实真相;否定奸佞罪恶而弘扬正义;否定自私冷酷而坚信情义无价。它立场明确地告诉人们什么是必须反对和否定的,而什么是应该肯定和赞扬的。这些理念不仅与中华民族数千年永续流传的价值观念相契合,还传递出一种健康乐观、积极向上的动力和情感,明亮而富有正能量。对现今的价值取向和道德规范仍不乏指导、引领意义。

(2)戏剧性的故事情节

故事情节是由人物之间的关系、矛盾和性格冲突所产生的一系列事件。戏剧性则在于紧张、深刻的矛盾冲突。

《琅琊榜》以平反冤案、扶持明君、振兴山河为主线,以血光漫天的厮杀中有人艰难存活的画面做伏笔展开叙事。矛盾冲突的第一件事是庆国公侵地案。然后,兰园藏尸案、妓馆杀人案、私炮坊东窗事发、庶嫡之争朝堂辩论、四部尚书倒台,以时间先后顺序结合倒叙和插叙手法剧情一步步发展。斗太子、扳誉王大悬念套着小悬念,各环节环环相扣,高潮迭起。谢玉惊天一案是一个小高潮,是决定太子和誉王的命运、矛盾双方矛盾即将解决的关键时刻。而金殿呈冤则是全剧的真正高潮。莅阳公主首告赤焰冤案制造者——谢玉、夏江,用五个排比句式细数其五条大罪以明晰冤情。而众朝臣层层叠加的"臣附议"加强戏剧冲突。这个阶段是矛盾冲突发展到顶点,人物的思想斗争最紧张、最激烈、最尖锐的阶段。结果是梁王同意重审重判赤焰之案,矛盾得到解决。最为戏剧性的是冤案得以重审之后,本该圆满结束,却在此时峰回路转。五个军中急报五重唱,严峻气势扑面而来。结局以赤焰清名重现天下,宽仁中正的靖王问鼎皇位,梅长苏舍身报国结束。到此,人物性格的发展已经完成,事件有了最后的结果,主题思想得到充分展现,是情节发展的必然结果。全文采用多线索并进模式,围绕矛盾的产生和解决展开,伏笔众多,悬念重重,跌宕起伏。

(3)风骨卓然的人物形象

《琅琊榜》中不光是主角梅长苏,甚至连配角都个性鲜明、风骨卓然,如正面配角中的靖王,反面配角中的萧景桓。

梅长苏是全书的灵魂人物。"琅琊榜首,江左梅郎"天下第一大帮江左盟宗主,前为赤焰军少帅林殊,才调奇绝,后因梅岭惨案,身中火寒之毒,改名换面,蛰伏江湖。虽病骨支离,但容颜灵秀,气质清雅,心怀赤子。为平多年冤案,他以一介白衣之身,化名苏哲重返金陵帝都,以病弱之躯涉入种种纷争,扶持宽仁中正的靖王问鼎帝位,一步步实现他心中理想朝局、理想天下的追求。孔子把"仁"作为最高的道德原则、道德标准和道德境界。表现在具体的行为上,对兄弟为"悌",梅长苏对靖王的手足之情始终未变,呕心沥血辅佐靖王整肃朝纲,清除积弊,扭转大梁颓势,实现国家中兴;对国家为"忠",梅长苏饱受冤屈,却从未想过要背叛,在国难当头之际,明知是死路,但他毅然挺身,重上战场,舍身报国。对人则有"爱心",突出体现在对待仇人的做法上,梅长苏救出誉王这个本该是仇人的妻子和孩子,让无辜者远离硝烟,心中怀"仁"。梅长苏的真情大义有一种荡气回肠之感。

靖王为皇七子萧景琰,文中这样描述"萧景琰十二年的坚持和隐忍,无论面对再多的不公与薄待,他也不愿软下背脊,主动为了当初的立场向父皇屈膝请罪。他是在军中素有威望的大将军,只要略加表示,太子和誉王都会十分愿意收纳他成为羽翼;他是战功累累靖边有功的成年皇子,只要俯身低头软言忏悔,皇帝也必不至于硬着心肠多年冷淡,有功不赏。然而这一切看似容易的举动他一样也没有,他只是默默地接受一道道的诏命,奔波于各个战场之间,偶有闲暇,大部分时间也只在自己的王府与城外军营两处盘桓,远离皇权中心,甘于不被朝野重视,只为了心中一点孤愤,恨恨难平。"作者通过正面的描写,突出靖王所坚持的正直与原则。太子在太皇太后大丧期间演乐,大不孝。身为太子却不修德政,之后被贬为献王;誉王和太子争斗,事事皆以自身的得失为首。私炮坊爆炸一案,因"忤上失德"而被降为双珠亲王。而靖王赈抚五州府灾情,为生民立命。靖王在贤德、做人、理想、能力的比拼中完胜,最终成为一代贤明帝王。《琅琊榜》不是一个人的史诗,靖王就像一颗青松,"大雪压青松,青松挺且直"。

萧景桓,封誉王。和太子相斗多年。他为人虚伪圆滑,野心极大,对于皇位的野心和执念已经浸入血液和骨髓。太子开设私炮坊谋取私利,誉王得知后为了加重打击太子的砝码,不惜牺牲众多百姓的性命炸毁了私炮坊,将私炮坊一案闹大。太子的劣行固然可耻,但誉王为谋取私利而草菅人命的行为则令人发指。他勾结夏江,在他的鼓动下破釜沉舟发动逼宫之役,却因梅长苏和靖王而失败。他是很有戏剧性的一个人物,是功败垂成的悲剧枭雄。在他身上有着发人深省的人性鞭策与悲剧展现。他作为反面配角代表着社会中假、恶、丑的一面,在剧中通过否定自身来肯定正面人物的真、善、美,创作者通过对他们的批判来警示世人。而且,《琅琊榜》很难得的没有过度丑化反面人物,刻意塑造人性的阴暗与丑恶。誉王对身世的不甘让他有了谋反的理由。他有着自己的独特内心和追寻,行事符合人物个性和行为逻辑。在狱中得知妻子怀孕之后,以自尽的方式来向梁王祈求放过妻儿。这样的人物有血有肉。

相较于当前很多作品中赋予正面人物超出常人的能力,却对反面人物无逻辑的过度丑化而言,《琅琊榜》可谓百不获一,其中的人物不论是主角还是配角都秉持着自身的行为逻辑,人物形象血肉丰满,风骨卓然。对他们的结局设定也符合中国民族文化传统中"善有善报"的历史事实和"恶有恶报"的普遍民意。

2. 精良制作得力保证

对网络小说《琅琊榜》进行影视剧改编,是把文字变为影像,通过屏幕将作者的思想观念、价值传递给观众。把不具体的东西变得立体,还要让人相信它的观念、价值等所有的东西,这就需要注意很多细节。《琅琊榜》能在市场中脱颖而出,创作团队有其独到之处。

(1)画面精美,独具匠心

山东影视传媒集团(以下简称"山影")作为主创团队沿袭他们一贯的严谨作风,用画面讲好故事。

《琅琊榜》采用多种构图方式,加上中国传统的水墨风格,使画面整体观感很舒服。比如第一集梅长苏"扁舟箫笛"一景,采用斐波那契螺旋线①构图方式,梅长苏所乘小舟虽然远小于敌方的战舰,却因为处在螺旋中心,非但未呈现劣势,反倒让人感觉到梅长苏在构图中的核心地位和不可侵犯。再比如同集中,梅长苏和蔺晨相对而坐,画面两边对称,采用的是对称式构图,符合中国传统的对称美。此处还采用了三分法则②,梅长苏和蔺晨刚好处在画面的三分线上。还采用了框架式构图法,门框把观众的视线引向框架内的景物,突出对坐的梅长苏和蔺晨。而门框外是中国风的远山,人物与风景融为一体,有种他们两人隔山而坐的视觉冲击。这只是剧中上较为常见的镜像,创作团队运用多种艺术表达手段,强化了镜像语言的艺术内涵。

在服饰上,主要人物都有礼服、官服、正服和居家便服,位阶越高者,便可有若干套服装替换穿,与各自身份地位吻合。而且根据特定人物进行设计。比如梅长苏,他是一个经常会生病,怕冷,有些弱不禁风的人物,性格又比较安静。他的服装多以素雅的白色,蓝色以及灰色为主,面料上选择与其江湖人士身份相符的棉麻,同时,还专门在颈间增加了一条类似白色方巾的设计,以突显人物的体弱。服饰设计奠定了此剧人物视觉上的水墨风格。

《琅琊榜》的道具都按古制制作,会更显古朴厚重的年代感。以梅长苏的房间为例,房间里主要铺设的是床、榻、席、凭几、香几、箱一类

---

① 斐波那契螺旋线,也称"黄金螺旋",是根据斐波那契数列画出来的螺旋曲线,自然界中存在许多斐波那契螺旋线的图案,是自然界最完美的经典黄金比例。以斐波那契数为边的正方形拼成的长方形,然后在正方形里面画一个90度的扇形,连起来的弧线。

② 三分法,有时也称作井字构图法,指把画面横分三分,每一分中心都可放置主体形态,这种构图适宜多形态平行焦点的主体。

的低矮家具，还有烛台和香薰灯生活用具，夜场戏均以烛光作为光源，古风古韵，符合当时场景。细节构成了质感，营造出古色古香中国韵味。对细节的追求彰显出主创打造精品的诚意。

（2）演员出色，彰显实力

胡歌在剧中饰演第一主角梅长苏。胡歌曾经历车祸与梅长苏有着相似的"涅槃重生"经历，没有人比他更适合这个角色了。"我既然活下来，便不会白白地活着"这是梅长苏对他说的，我想这也是他对自己说的。梅长苏是一个城府万钧的谋策之士，时常是面色沉静如水，波澜不惊，而内心却涌动万分，有很多的内心戏。胡歌以眼神诠释出其隐忍克制、坚毅执着而果敢不屈的内心，表演入木三分。在金陵城门口，梅长苏坐在马车内看着霓凰郡主暗自伤神。这段戏没有台词，梅长苏将马车帘掀起，这里是一个近景特写，只见他眼神中满含温柔忧郁，在望一眼霓凰之后却又无力地将车帘放下。胡歌通过细微的表情和肢体语言来传递压抑的情感，将人物内心的复杂把握的很准确。在54集长的剧情中，胡歌将梅长苏的人生历程展现得淋漓尽致。胡歌以他精湛的演技为观众塑造了一经典角色。"谈琅琊非长苏不可，唯胡歌可长苏。"

丁勇岱饰演剧中的梁王，在金殿呈冤这场戏中，每当多一个人站出来，他都离绝望更近了一步。更何况越到后面越是他觉得会维护他的人居然都站到他的对立面，直到最后连太子都站了出来。他在短时间内完成情绪由悠然自得、警惕疑虑、勃然大怒到众叛亲离的凄凉的爆发式演绎，张弛有度，体现出深厚的表演功底。

在梅长苏身边把苏宅打理的井井有条的两个人：黎纲与甄平，居然是由该剧的副导演王宏、执行导演赵一龙出演。还有被迫背叛的童路，竟是出自该剧的选角导演魏伟。除了以上三位，剧中的反面人物"夏首尊"也是由导演王永泉扮演，王永泉还是国家一级青年演员，这是一个实力说话的剧组。由此也可以看出,《琅琊榜》整个制作团队的凝聚力。为了制作出一部好作品,台前、幕后的工作人员都在竭尽全力,贡献出自己的力量。正因为有这么好的制作团队,才会有《琅琊榜》这么精良的作品。

(3)中国元素,弘扬传统

该剧精良的制作从别致地融入中华优秀传统文化里的长亭、礼仪等元素中可见一斑。

剧中多次出现长亭送别场景,比如梅长苏送别好友萧景睿以及宿儒周玄清老先生,宾主依中华传统礼仪相对跪坐,一杯清茶淡酒,长亭内依依惜别,长亭外山水如画。古意浓浓,满是画像石的韵味。很自然地想到李白《菩萨蛮》"何处是归程,长亭更短亭。"以及弘一法师"长亭外,古道边,芳草碧连天"的美文。长亭是中国独有的历史文化的体现,这些古代元素在剧中成为流动和行走在电视屏幕上的中华传统文化符号。

日常相见礼仪是剧中出现最多的礼仪,像拱手礼[①]、揖礼[②]。除此之外,在太皇太后大丧时,包括梁王在内的所有人两手相击,然后叩头,浑身战栗不已,表示对死者的悲痛哀悼。其实这就是古代礼仪中的振动,是丧礼中最隆重的跪拜礼。还有就是,梅长苏在书上做批注时有两个字减少了笔画,用来避讳母亲名讳。从《琅琊榜》人物的言行举止中,我们看到了中华礼仪文化的点滴。创作团队希望借此剧呼唤人们关注逐渐被遗忘的礼仪传统。

3. 满足受众助力口碑

在《琅琊榜》制作以及播出过程中,受众积极参与互动,满足了受众的话语权、自主权、参与权,为电视剧的好口碑奠定了基础。

---

① 拱手礼:在胸前拢手,由前向后收,呈拱手形。向前推,不躬身。
② 揖礼:在胸前抱手,轻于抱拳,重于拱手。略躬身或不躬身。

(1)受众话语权的展现

早在2010年,许多作为书迷的胡歌影迷亲手制作剪辑胡歌同人视频,并将《琅琊榜》推荐给业内享有良好口碑的制作公司山影,山影在他们的推荐下买下小说版权并着手筹备。2011年胡歌影迷又将小说《琅琊榜》送给胡歌,胡歌在他们的推荐下看了《琅琊榜》并表示十分欣赏,向来对影迷关怀备至的胡歌也希望能借此圆了他们的梦想。2012年初山影发布电视剧男主角人物投票,胡歌以压倒之势高居榜首。2013年12月演员阵容公布,最终决定由胡歌扛鼎饰演男主角梅长苏,众望所归。受众与影视制作公司山影以及演员胡歌的互动中,话语权受到重视,得到了展现。

(2)受众自主权的实现

由于电视开机率的下降和智能手机、网络视频用户的增加,《琅琊榜》刚开始播出时,出现了电视与互联网新媒体收视冰火两重天的短暂局面。然而随着剧情的推进,观众自发地在网络上掀起了一股浪潮,在微博、微信等社交媒体上的口碑营销以及口耳相传让该剧热度高涨,越来越多的人这股浪潮当中,形成了"病毒化"的传播效应,促就《琅琊榜》的收视逆袭。在这个过程中,受众积极主动的口碑传播实现了受众自主权。

(3)受众参与权的体现

在改编时,制片方在微博广泛征集剧本改编建议,受众参与其中,意见被有选择性的采纳,融入了改编的剧本中。在制作过程中以及电视剧播出之后,剧方不断公布与剧情相关的内容,包括演员定妆照、剧照、主题沙画、片花、剧情MV,微博上的讨论热度持久居高不下。网络上有关演员的服化、全剧的美术、道具,精良考究,画面饱和度极高等等一系列的讨论非常热烈,一些技术帖从专业的角度,全方位普及观众的常识。

(三)对网络小说电视剧改编的探讨

网络小说影视改编热度不减,但是其中存在的诸多问题也不可忽视。从《琅琊榜》的成功经验中,可以得到更多启示。

1. 网络小说影视改编过程中存在的问题

(1)改编背离原著,"刻板效应"难以克服

网络小说是文字的思维方式,电视则是影像的思维方式。改编者需要将文字转换为视频语言,在这个过程中,改编作品往往和原著有所出入。原著读者在观看电视剧时,会用对原著小说已有固定印象,作为判断和评价改编后电视剧水准的依据,形成"刻板效应"。如果改编者改动较大,作为原著读者的观众和改编作品之间就会产生矛盾。改编自明晓溪同名网络小说的电视剧《会有天使替我爱你》就是一个失败的改编案例,它的读者甚至表示如果你支持明晓溪,你就不应该看这部电视剧,这正是因为改编作品背离了原著,使读者感到失望。然后,原著读者反作用于改编作品,改编方原本想要利用网络小说庞大的读者群体降低改编风险的目的难以达到,导致改编失败。

(2)制作过程专业性不足,粗制滥造

浮躁的市场环境,让很多从业者忽视专业性。一些网络小说内容不够严谨,甚至是不适合改编为影视剧的,经过创作团队粗糙的改编制作,经常出现台词读错,频繁穿帮,剧情缺乏常识性,情节逻辑混乱的现象。常识告诉我们,古代是用蜡烛的,晚上是不太亮的。但是,一些古装剧里的夜场戏,室内却亮如白昼,灯光效果太假。在剧里见到的植物经常是鲜艳欲滴的,完全脱离现实。甚至在一些电视剧中群众演员是乱来的,出戏的,专业性严重不足。

(3)作品艺术内涵缺失,后患无穷

与传统小说相比,网络小说的作者与读者的距离被无限拉近,读者拥有了更多的话语权。读者给予网络小说高度的关注,读者更有可

能是网络小说改编影视剧收视率的保证。这就导致,一些作者过度迎合部分读者格调不高,甚至是低俗的恶趣味。作品中价值扭曲、浮躁粗俗的内容随处可见。而当这样的网络小说被改编为电视剧出现在大众面前,在潜移默化间,受众的文化品位不断降低,受众的社会责任感会减弱,还有就是媒介的社会职责也会弱化,后患无穷。就算这些作品出现一时火爆市场的怪现象。然而,它终将会在读者、观众乃至时间的检验中愈来愈显示出它的苍白与乏力。

2. 对网络小说电视剧改编的建议

(1) 合作改编,尊重原著

改编不受原著束缚,但却应忠实于原著。一定要体现原著的主题,不改变原著的人物性格,不改变原著的风格韵味,但可根据影视艺术形式的要求,作不可免的增删和艺术加工。如果原著作者亲自改编自然最好,如果不能也可以邀请原著作者参与。像《琅琊榜》的创作团队诚邀原著作者海宴亲自执笔改编剧本,并且在 2011 年 7 月 7 日,制片方在微博广泛征集剧本改编建议,有选择性地采纳了受众的意见。电视剧《琅琊榜》台词更加凝练,情节更加紧凑,在忠实于原著的基础上增加了剧本的戏剧张力。一些细节改变不可避免,但故事构架和剧情走向没有大的更改,删减了一些支线,对主线有所填充,像佛牙、谢绪等人,并把霓凰的另一条感情线删减,填充到主角梅长苏的身上,对梅长苏的结局依然保留。相比原小说,还原度至少有 80%,最大程度上尊重了原著。获得了受众的认同,赢得了口碑。

(2) 精品意识,精良制作

对于影视行业来说,创作团队的作用毋庸置疑。《琅琊榜》的独家"秘方"就在于不盲目跟风一些热门题材。而是坚守本心,尊重专业性,运用视听手段来刻画人物心理、推动故事情节发展,讲好故事。画面结构考究严谨,镜头语言精良优美。正是有了这种孜孜以求、精益求精的精神,《琅琊榜》才能打造出来,才获得了受众的一致好评,更收获了他们理所应当的经济收益。《琅琊榜》的成功经验值得借鉴,创作团队要把精品精神贯穿网络小说改编创作的全过程,增强作品的专业水准。以专业的态度,重视光影艺术的运用,用专业的视听手段讲好中国故事。虽然市场瞬息万变,网络小说影视剧改编的成功没有固定的公式。但是,如果每部戏都能在表演、制作水准的专业性上更进一步,整个行业的状态就会越来越好。

(3)深化内涵,担当责任

网络小说改编后的电视剧是面向公众的,需要有亮点,需要戏剧性的故事情节,但是更需要一种责任。据2016年1月22日,中国互联网络信息中心(CNNIC)发布第37次《中国互联网络发展状况统计报告》显示,截至2015年12月,网络文学用户规模达到2.97亿。我国网民以10-39岁群体为主,其中10-19岁群体占比为21.4%。与2014年底相比,10岁以下低龄群体占比有所提升,互联网继续向这部分人渗透。而且,网民中学生群体的占比最高,为25.2%。[①] 网络小说及其衍生作品对青少年吸引力最大,影响也最大。而内容低俗的、价值观扭曲的作品带给他们的危害不可估量。《琅琊榜》既在思想上、艺术上取得了成功,又在市场上受到欢迎。它的成功是社会效益和经济效益相统一的结果。我认为影视从业者在创作过程中,只有深化作品内涵,提高质量,才能获得更多的价值。这就需要网络小说作者及其改编创作者在满足市场需求、追求经济收益的同时,认真严肃地考虑作品的社会效益。向青少年传递真善美,传递向上向善的价值观是每一个创作者的责任。

---

① 中国互联网络信息中心(CNNIC):《中国互联网络发展状况统计报告》,2016年1月

(四)结语

《琅琊榜》的改编创作是严谨的态度和专业手段相结合、充实的文本内容和创作技巧相融合的深度创作,是各种艺术要素和技术要素的集成,是内涵和专业性的对接。《琅琊榜》一部作品的成功并不能推导出所有网络小说影视改编剧的必然成功。它是一个是探索者、是一根标杆、是一个中点,而非终点,这才是它真正的价值所在。它的成功对今后的网络小说改编、创作会有更多的启迪:既要深化作品内涵,又要尊重专业性;既要注重经济收益,更要重视社会效益;在充分吸收借鉴的基础上,将作品打造成品牌,获取更多的价值。

随着网络文学和影视产业深度融合,优质网络小说作品的商业价值在未来将获得更多表现机会。以严谨的文本内容,以精品意识,以专业的制作水准创作出的"精品"将会是网络小说影视改编发展的必由之路。

三、电视剧发展策略

我国电视剧发展呈现以下几个特征:一是电视剧市场化趋势日益明显,其作为一个产业的格局越来越丰富和完善;二是数量多,经典少,翻拍和重播泛滥;三是题材雷同化趋势的加剧。在媒介融合时代,促进我国电视剧的发展繁荣主要应从以下几个方面着力:

(一)提高编剧和研发环节的地位

在剧本重要性日益凸显的今天,高水平的编剧人才是提高电视剧收视率的重要资源。通过市场化交易,编剧创作制度的改革必定会刺激剧本市场的繁荣,高质量的剧本才能不断涌现。同时,专业的研发机构是借鉴成熟的现代化企业管理方式的产物,但是目前国内专业的研发机构极不发达。大部分是制作机构、电视台内部的研发机构,而且大多还停留在创意策划层面。专业的研发机构,应该是建立在专业的市场调查及数据分析基础上,具有较明晰的资金供应、人才保障、工作流程以及绩效考评体系。专业的研发机构对于整个产业体系的健康发展将起到重要的推动作用。

(二)提高电视剧质量,融亲民性和娱乐性于一体

电视本来是平视生活的传媒,它的娱乐性是显而易见的。娱乐乃是一切没有直接、实际目的的活动,是人们为了兴趣而参与的活动,娱乐本身并不属于价值的范畴。它既包括了消遣又包括了迫切的精神需求的满足,然而,无论重要与否,它都是心灵的产物。这里将娱乐性上升了一个高度。娱乐是人类生命本身的需要,是人生历程中不可或缺的东西,所以说电视剧就是艺术家们创作出来为了满足观众娱乐需要的文化产品。电视实在是包罗万象,几乎包含了我们能说出来的所有特性。但亲民性和娱乐性确是电视剧永恒不变的主题。

(三)与新媒体播出平台合作,开发新媒体营销增长点

电视剧产业要尽快与新媒体合作,共同开发播放平台,新媒体却能够提供广阔的播出空间,通过新媒体观看热门电视剧正成为中国消费主流人群的生活方式。随着手机电视、移动电视、IP电视等新媒体的出现,频道空间和媒体资源迅速扩大。

要善于利用新媒体宣传电视剧、扩大电视剧的社会影响。电视剧前期宣传、播出讨论、新媒体转映和以剧组、演员为中心的社会活动都可通过新媒体向众人展示。如创建专题网页、发布新媒体新闻、论坛推广、博客推广、电子邮件推广、连接交换、QQ群发信息、网址导航、搜索引擎、参加各种排行榜及评选活动、在线活动进行推广、软件推广、网站联盟、电子杂志等,使新媒体成为国产电视剧扩大社会影响、提升品牌效力的重要渠道。而且,还可以通过"参与式观看"激发电视剧二度舆论热潮。

新媒体与电视剧产业融合将为电视剧营销带来新机遇。传统电

视剧产业的盈利以销售电视剧为主,前端开发充分,中、后期产品营销几乎缺失。在新媒体协助下,电视剧产业将形成前、中、后端一体化盈利新格局。前端电视剧可在新媒体发行,中期营销可以依靠网络视频植入广告实现,扩大收入来源;后期营销可从传统后期产品开发领域如玩具、漫画书、小说等向新媒体领域延伸,进入网络游戏、SNS 领域。

(四)确立全球意识,开拓国际市场

中国电视剧的创作要具有全球意识,具有以人类精神的高度为尺度、创作出既能跨越东西文化界线,也能折服东西两半球的观众的电视剧佳品。中国的电视剧产品应该在保证国内销售利益的前提下,积极地开拓海外市场。要尽快熟悉文化贸易规律,制定海外发展战略规划,借鉴发达国家的成熟经验,利用国际电视节、影视展销会和相关文化的研讨等多种方式,积极寻求多方位的海外推广策略。

第四章

新媒体发展策略

第一节　新媒体发展概况

新媒体本身就是一个相对概念。相对于纸质媒体,广播、电视是新媒体;相对于广播、电视,互联网是新媒体。在当下的社会环境中,由互联网技术、移动通信技术、移动终端技术以及各种数字视音频技术所共同铸造起来的多种媒体形态,如微博、手机报纸、数字广播、移动电视、各种移动交互网络、各种触摸媒体等以及其所衍生出来的媒介形式,均属于新媒体范畴。其呈现出两个明显特征,新媒体能够承载旧媒体所能承载的,如文本、图像、视音频等所有形式的内容;能够从根本上改变原有媒体(旧媒体)的传播特征及传播形态,其传播形式、传播内容及传播渠道上有较大的改变和创新。

一、新媒体的新特点

新媒体除具有时效性、交互性、个性化、灵活性、跨时空性等这些众所周知的特点之外,近年来,又呈现出的一些新特点是非常值得关注的。

其一,在数字技术和移动终端技术的助推下,新媒体表现出来的最大特点是它的融合性。这种融合性不但消解着传统媒体与新媒体之间的边界,而且,这种融合性还表现在消除着产业之间、社群之间甚至是国家之间的边界。

其二,独立性。新媒体打破了传统媒体对话语权的控制,突破了传播媒体议程设置理论的防线。

其三,民主性。任何人都可以移动数字终端设备自由地接入互联网,以自媒体形式传递信息。其四,传播形态的变迁。新媒体从根本上打破了传统媒体点对面的单向传播形态,可以说新媒体实现了由单向传播向双向互动传播的飞跃。

二、新媒体的发展态势

一是移动化趋势明显。我国的网民规模已经达到6.88亿,互联网的普及率达到了50.3%。这其中新增网民中使用手机上网的比例高达90.1%,总的手机上网用户规模达到6.20亿。[①] 手机继续保持第一大上网终端的地位,证明中国的新媒体应用正在向移动化方向发展。

二是全面进入微时代。微博、微信、微电影、微视频、微支付、微传播,所有这些在2013年突然爆发,蔚为壮观,出现了新媒体发展中的微时代景观。

三是新闻客户端成为公众新闻接触新的入口。有非常多的现象昭示新闻客户端已经成为普通大众接触新闻,每天了解国际国内大事的一个新的入口。

四是社交媒体成为新的传播平台。这集中体现在十八届三中全会

---

① 中国互联网络信息中心(CNNIC):《中国互联网络发展状况统计报告》,2016年1月

召开期间,微信、微博对会议的热烈讨论和各种网民转发的信息数量非常多。社交媒体能够为政治传播提供一条深入民间、繁荣有序、润物无声的传播途径,是政治传播和公共外交的重要工具和崭新平台。

三、新媒体发展策略

以网络媒体和微博为代表的新媒体,是新闻发布与传播沟通的平台,在发布新闻和传播沟通时应注意一下几个方面:

1. 充分发挥多媒体互动性特点,建立信息交互平台。新媒体集合了传统媒体的诸多优势,但其突出特点是,受众开始走向传播前台,反馈成了新媒体传播的一个最大特点和优势。完善信息交流平台,特别是相关的匿名调查、问卷、投票等操作流程,及时有效地整合梳理信息,有效地监测社会,是新媒体发挥公信力,迈向主流的有利途径。

2. 加强本地新闻的原创性,做信息的权威发布站。如何避免信息的重复复制,走新闻信息的精良化路线,是新媒体尤其是网络新闻媒体特别应该重视的问题。特别是对于各级新闻网站和政府官方微博来说,既要有力地服务当地官方机构,又要对外宣传,很容易就变成了官方的文件和讲话发布站,起不到其作为新闻单位的真正价值。报道和梳理当地的新闻事件,传播本单位的最新信息,才是各级新闻网站和政府官方微博应该做的头等大事。

3. 建少媒介"噪音",提升影响力和公信力。媒介既要以正确的舆论引导人,也要注意新闻的公正客观,这样才具有公信力。网上信息海量、快速便捷为人们了解一个地区的政治环境和社会气氛提供了便利,也对网络新闻的制作和传播提出了更高的要求。新闻的组合方式以及筛选过程,都可能对网站和当地的形象产生一定的影响,应该从长远和整体出发,制定出一套严密而科学的新闻筛选和编采机制。

4. 提高业务操作水平,加强新闻文本的编排技巧。网络的多媒体性质,一定程度上再现了口语传播的语境,而网民接受网络新闻时往往喜欢较为"扁平化"的信息,即不需要过多"卷入",便可理解新闻信息,这要求新闻的文本不宜太长,文字尽量浅白一些等。另外,其编排方式也和传统媒体有了较大的区别,链接、动画、视频等技术的熟练掌握,也是加强新闻可读性和趣味性的有力保障。

第二节　网络新闻发展策略

作为一个新事物,网络媒体拥有新的传播介质、新的传播模式和更大的内容空间,这些都成为学术界争相研究的对象。按照传播媒介的不同,人们把继报刊、广播和电视之后产生和发展起来的新生媒介"互联网"称为网络媒体。网络媒体指的是通过宽带、无线通信、卫星传输等方式,按照新闻媒体传播流程(即由专业人员对新闻和信息进行采集、整理、加工、发布)运作的、具有公信力的、能够产生巨大社会影响力和能够迅速形成社会舆论的网络传播平台。它具有传播方式多媒体、传播环境全球化、传受关系交互性、传播速度快捷、传播内容广泛的特点。

一、新闻网站与山西新闻网

随着互联网的普及,网络传播方式的创新,数字化浪潮正在改写着传媒版图,网络媒体对传统媒体发生了强烈冲击,各省市纷纷建立自己的省级门户网站。同时地方新闻网站具有独特的潜力,其发展势头不容小觑。从上世纪末发展到现在,地方新闻网站在地方品牌、文化宣传和经济发展中发挥了重要的作用,逐渐成为地方新闻传播的主流。然而地方新闻网站也面临着困境,比如在与中央重点新闻网站和商业新闻网站的竞争中往往不占优势,发展模式受传统媒体的限制,独立性较差,甚至有些地方新闻网站完全发展为传统媒体的翻版。

山西新闻网是经国务院新闻办审核批准,由山西日报报业集团主管、主办,是山西省重点新闻门户网站,成立于1998年5月18日,是山西省成立最早、规模最大的综合性媒体网站。是国家互联网新媒体时代第一批次成立的省级门户网站。山西新闻网在成立至今,通过整合传统资源、优化团队体系和采用高端科学技术,逐渐发展成为大型综合类新闻网站。网站成立17年来一直为广大网民提供时政要闻、重大经济事件及社会生活、文化、体育、健康、时尚等方面的新闻资讯。山西新闻网除了报道国内外重大事件之外,大部分新闻内容专注于本地新闻,主要受众为本地网民。近年来随着互联网发展进一步深入,山西新闻网充分发挥新闻网技术、人才优势,积极拓展新业务,在新闻、广告、建站服务、短信、游戏、手机报等多重业务领域积极延伸,推动网站建设走向全国。

二、山西新闻网网络新闻实证分析

(一)抽样统计方法

通过特定时段抽样法,分别抽取记录山西新闻网2015年4月1日至4月15日的所有首页新闻(首页新闻能最直观反应新闻机构的运行模式,及其价值取向和传播意向)。通过记录的数据进行科学计算分析,通过表格分析数据的方式直观反映各方面情况。将山西新闻网的记录数据,结合地方新闻网站实际情况进行量化分析研究,较为客观的反应山西新闻网的各方面数据。

(二)山西新闻网新闻内容统计与分析

1. 新闻时效性

时效性侧重表达传播时间与传播效果的关系,其中还要考虑传播环境的外在因素。从理论上来说,时效性指事实发生与作为新闻事实发生之间的时间差（时距），同新闻面世以后激起的社会效果的相关量，即新闻产生应有社会效果的时距限度。需要与之区分的是时间性（快捷性）。新闻是易碎品，某一媒体对受众的影响力与其对新闻事件的反应速度基本成正比，提高新闻传播速度可以在塑造媒介的声誉的同时增强其市场竞争力。

  在新闻传播过程中，"时效"一般是指新闻传播过程的及时有效。在网络新闻界新闻的时效性衍生出全新的内涵。时效新闻的类别分为昨天和今天，当天的全过程全方位报道和对事件准确无误的报道相结合，对新闻时效性做出了新的阐述，它使得新闻更加符合受众接受特点，也更能反映新闻本质。随着大众传媒技术发展，国内外新闻界的新闻设备和通讯科技越来越发达，进而对新闻的时效性要求愈发严格。可以说时效性是新闻的生命。

  统计显示，山西新闻网的新闻报道中昨日新闻最多，占新闻总量的31%，其次是一周之内新闻，占新闻报道总量的44%，一月之内新闻次之，占新闻报道总量的22%，而当日新闻仅占3%。一周之内新闻和一月之内新闻超过新闻总量的一半（见图一）。

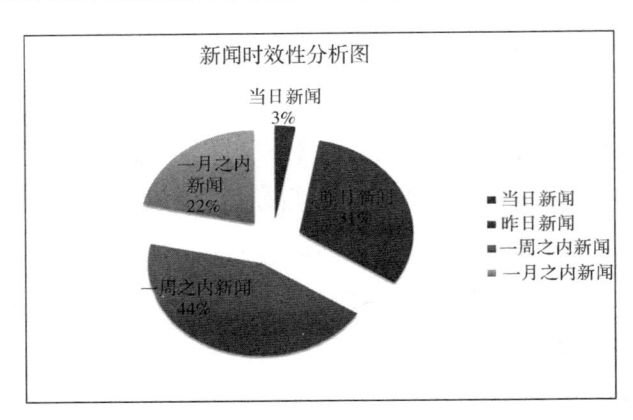

图一

2. 新闻导向性

导向性是新闻媒体的基本范畴,新闻媒体通过将新闻事件加工处理,通过一定的宣传手段和表现形式进行报道宣传,通过重点突出新闻反映的积极面,来达到引导人们从正确的方向思考社会现状、政治格局和群众思想的作用。舆论导向作用是新闻独立于传统文学作品的特征,舆论的指向直接影响和制约着社会生活和国家形象的发展。

正确的新闻舆论导向是建设和谐社会的重要前提。我国的新闻媒体通过近年来的快速发展,虽然在传播形势和内容上有了长足发展,但仍然是服务于我国社会主义新时期发展改革大局的。马克思曾指出:"报刊最适当的使命就是向公众介绍当前形势,研究变革的条件,探讨改良的方法,形成舆论,给共同的意志一个正确的方向。"新闻媒体的舆论引导,属于党的思想政治工作之一,我国的政治制度决定了新闻媒体的党性原则,即通过充分利用新闻媒体的舆论导向作用,宣传正确的指导思想、国家发展方针、政策、法律法规等,为社会人群树立正确的价值观,引导人们用党的思想武装头脑,从而促进社会和谐社会的建设。因此,可以说正确的新闻舆论导向可以促进社会和谐发展。

同时,新闻舆论导向也引导着人们的社会行为。新闻媒体发展至今,不再是上层阶级和知识分子的专门读物,而越来越深入百姓的基层生活当中,新闻媒体的报道内容也越来越多的向普通民众的社会生活靠拢。然而,新闻报道要反映事实,就并非只有正面新闻报道,相应的对社会存在的负面事件也有相当一部分的报道,例如违法犯罪事件、行贿受贿事件等。新闻舆论导向一旦存在某些问题,这些负面事件将直接影响着人们的身心健康和社会行为作风,引起社会的不安和动荡,从而对社会生活的发展和国家形象的建设产生不可估量的影响。由此看来,新闻媒体的舆论导向作用是建设社会主义的前提。

新闻按照性质取向可以分为三类,分别是正面新闻、中性新闻和负面新闻。其中正面新闻主要报道内容有先锋模范人物的事迹、政府和人民积极践行党和国家的方针政策、歌颂社会新生活,内容积极向上,传播正能量,正面新闻报道以肯定为主;中性新闻多为客观报道,不带有立场观点,侧重陈述客观发生的新闻事件。而负面新闻主要报道负面消息,包括社会乱象、贪污腐败、经济犯罪、暴力冲突等事件,破坏社会和谐,持否定批评态度。本书研究时把正面新闻和中性新闻合并为一类,即正面新闻与中性新闻,这样便于研究,而且能更客观说明山西新闻网的舆论导向性。

新闻报道内容可分为实事与政治类、经济与科技类、社会与文化类和其他类。各类新闻的比例是衡量新闻网咱新闻布局合理与否的重要标志。这里以山西新闻网的报道内容来对正、负面报道分别进行分类,可以在新闻布局的总前提下更深入的了解山西新闻网正、负面新闻的分布(见表一)。

表一

		实事与政治	经济与科技	社会与文化	其他	总量
正面与中性新闻	数量(条)	351	361	1682	300	2694
	比例(%)	84.6	86.7	95	85.5	91.1
负面新闻数量(条)	64	55	90	51	260
	比例(%)	15.4	13.3	5	14.5	8.9
总量		415	416	1772	351	2954

统计数据表明,正面新闻和中性新闻共1772条,占新闻总量的91.1%,负面新闻共有260条,占新闻总量的8.9%。正面新闻远远高于负面新闻所占比例。在新闻报道题材上,主要以省内人民社会生活与地方文化为主,例如2015年4月10日的报道《吕梁好丈夫不离不弃,11年陪伴患病之妻》,以吕梁百姓生活为切入点,以扣人心弦的故

事,细腻的文字讲述吕梁平凡百姓的感人事迹,报道从选材到制作,无不体现了中华民族千百年来追求真善美的传统美德。几年抗战70周年系列报道,通过采访山西地区抗战老兵,记录回忆录等报道带领人们回味抗战时期的艰苦岁月,缅怀革命先烈,关怀抗战老兵,激励社会学习艰苦奋斗、坚忍不拔等老一代革命精神。时政类报道和经济类报道数量相当,均为国内和山西省内重大政治经济事件,报道角度比较客观,反映出山西新闻网的政府门户性质和正面新闻为主的舆论导向性。

时政类和经济类新闻的正面新闻报道相差不多,分别为84.6%和86.7%,时政类和经济类新闻的负面报道比例分别为15.4%和13.3%。社会文化类新闻中正面新闻占95%,负面报道仅占5%。其他类新闻中正面新闻有85.5%,负面报道占14.5%。可见社会与生活类新闻报道是山西新闻网的主要报道内容。反映了山西新闻网以本省人民群众的社会生活及文化为主要传播内容,关注人民群众的生活状态。新闻报道主要以服务本省人民为主要宗旨。

由此可见,山西新闻网以报道正面新闻和中性新闻为主,负面新闻为辅。分配比例较为合理。作为省级门户网站,坚持以传播正面新闻,发扬社会正能量为主。有利于激发社会民众的道德认同感,驱使他们转化为行动,向优秀人物学习,传播核心价值观,从而推动人的科学发展。有利于个人陶冶情操,振奋精神,形成高尚的道德情怀,从群体认同到群体承诺再到群体效仿的动态中走向和谐。但是如4月13日的报道《太原商家开业,比基尼模特清扫引围观》、4月8日的报道《太原火辣美女为豪车"洗澡"引围观》等,此类新闻以猎奇、围观的态度,容易获得更高的点击率,但其内容低俗,主旨不详,笔者建议日后取消此类新闻报道。但这并不意味着在新闻报道中负面新闻就要全面否定,针对负面新闻的报道,新闻媒体应做到以建设性的态度处理消极因素,通过对负面事件的报道分析,给人以警醒、反思;而不能以猎奇、把玩的心态进行新闻报道,应尽量规避其可能造成的负面影响。

3. 新闻搭配方式

网站新闻的新闻传播突破了传统媒体版面、信息量的限制,其新闻传播方式比传统媒体更具融合性,即通过文字、图片、表格、视频、动画等多种表现方式立体展示新闻。以增强新闻的可读性和趣味性,达到更好的新闻传播效果。

新闻言论是关于政治和一般公共事物的评论,由报纸、广播、期刊等新闻媒体就当前重大问题及新闻事件发表评论,或做解释或提批评或谈意见或发号召的一种新闻体裁。新闻言论主要包括新闻社论、本报评论、短评、述评、编者按语、杂文等类型。新闻言论对媒体具有特殊影响力,是媒体称之为媒体的必须模块。新闻言论的关系到媒体功能的发挥,是媒体的旗帜和灵魂。新闻言论要有的放矢、针砭时弊,直指矛盾。新闻言论对于迅速发展中的主流媒体影响重大。

网络新闻的配图、视频新闻及超链接的制作和新闻言论的搭配,体现了新闻网站的新闻处理能力,是衡量一个媒体水平与新闻报道质量的标准之一,

山西新闻网的图片、言论及视频搭配情况如下(见表二)。

表二

	配图片	配言论	配视频及链接
数量	524	435	600
比例	17.3%	14.7%	20.3%

统计显示配图片新闻524条,占新闻总量的17.3%。配视频新闻435条,占新闻总量的14.7%,配视频及链接的新闻600条,比例为20.3%。"黄土风时评"是山西新闻网唯一的言论专栏,每天仅更新两则新闻评论,且篇幅较小,间接导致言论不够深入,缺乏新闻言论准确

的针对性、强烈的时效性、鲜明的思想性、独特的新鲜性和严密的逻辑性。山西新闻网虽然有图片新闻和视频新闻专栏,但存在报道内容单一,且更新滞后,制作不精良等问题。例如《顾文静:用和谐理念带领团队向前一步》《独家专访:可口可乐(中国)首席执行官霍可龙、总经理韩晟》这两则视频新闻,山西新闻网均通过网址链接的方式播放,而没有独立的视频播放器,而且视频内容不精良,采访模块仍需改进。

4. 新闻原创性

原创新闻也叫自采新闻,指自家新闻记者自己发现、采访、写作出来的新闻。网络媒体采集新闻信息具有广泛化和多元化等特点。多样化的信息来源有利于读者全面了解新闻事实,另一方面也考验了新闻网站的新闻结构合理性。在网络媒体传播学领域,原创新闻是新闻网站的取胜之道。研究显示,过半的新闻网站新闻都采集工作都是由传统媒体完成的,大多数新兴网络媒体乃至大型新闻网站的新闻采集能力仍落后于传统媒体。新闻网站必须源源不断的制作出经典有力的原创新闻,形成自身独特的风格,才能在诸多网络媒体中赢得关注,在互联网媒体竞争中脱颖而出。

网络媒体的稿源体系与传统媒体相比有很大不同。网络媒体的新闻稿件源头主要分三类,本地新闻,网站原创新闻和全国性媒体转载新闻。本地新闻又分为本地官方新闻和本地非官方新闻,主要指以本地传统媒体资源为依托,传统媒体拥有专业的记者团队和制作流程,一般而言原创性较高。网站原创新闻是指新闻网站自身记者采编、写作的新闻。全国性媒体转载新闻是指转载自全国性的新闻网站或影响力较大的全国性传统媒体如人民网、新华社等。原创性是网站创造自身特色、打造自身网站成熟体系的关键。

山西新闻网的新闻例如《质检总局:中国将加强与东盟跨境传染病监测合作》一则报道转载自中新网,而首页的时政要闻专栏更是直接正版链接入人民网的时政版网页,山西新闻网的时政与经济等重大新闻事件较多为转载或链接新闻。而《山西打造常态化大型文化惠民品牌》的报道来自山西官方传统媒体三晋都市报,报道《我省38家检测站可正常网约检车》出自山西晚报等本地官方传统媒体。其余报道大都来自于当天的以山西新闻网为首的山西省官方媒体。

表三

本地官方		本地非官方		原创		全国性媒体		其他	
数量	比例	数量	比例	数量	比例	数量	比例	数量	比例
1527	51.7%	186	6.3%	549	18.6%	508	17.2%	183	6.2%

统计显示,山西新闻网的本地官方新闻共1527条,占新闻总量的51.7%;而本地非官方新闻工186条,占新闻总量的6.3%。原创新闻仅549条,占新闻总量的18.6%。转载自全国性媒体的新闻共183条,占总量的6.2%,可见山西新闻网的原创新闻少,本地官方新闻却占据新闻总量的一半以上,本地传统媒体在其新闻采集中仍占主导地位。

(三)存在问题与相应对策

通过对山西新闻网2015年4月1日至4月15日的新闻内容统计分析,可以看出山西新闻网的新闻报道内容和新闻布局大体上较为合理,但调查的时效性、导向性、融合性和原创性等方面存在的不足仍然是困扰网站进一步发展的主要因素。针对这些不足,笔者做出如下措施和建议。

1. 增强新闻时效,提高团队素养

互联网的高速发展形势之下,各大新闻媒体的新闻时效在竞争之中稳步提高。包括浙江在线、凤凰新闻网、西部网在内的多家地方新闻网站,在提高新闻时效性方面都做出新的战略部署。例如凤凰新闻网在伊拉克战争的报道中,全程跟踪、实时反映、及时整理发稿,迅速在短期内获得超高的点击率和人气,并在后来的新闻报道中不断发挥这一优势,为之后网站的发展和推广打下坚实的基础。新闻网站对一手新闻信息的敏感度,结合后期精良的制作,可以使网站率先推动新闻在制作者和受众之间的互动,而不是在新闻丧失时效性时才被动报道,这样就丧失了网络媒介的价值和意义。

调查显示山西新闻网的新闻时效性不强,昨日新闻和一周之内新闻占其新闻报道量的75%,而一月之内新闻竟然占新闻报道总量的22%,最具时效性的当日新闻仅占3%。新闻报道严重滞后,这大大削弱了网站在新闻媒体中的综合竞争力。

在加强时效性方面,首先要提高记者团队的专业素质和敬业精神。作为一个网络新闻媒体,要保持对新闻的热切关注及对即将发生新闻的敏感度。只有在长期的工作中不断学习,提高专业素质,新闻记者才能在事件发生的第一时间关注到事件本身,写出优秀的新闻,才能发现新闻背后的新闻。

其次,加大策划的投入,发挥群体作战、集合采访的合力。新闻策划可以集合团队的思维优势对新闻事件的内涵、外延进行最大可能的开掘和拓展,向受众传播多层次、多角度、全方位的新闻报道,满足不同受众的需求,实现新闻的有效传播。只有做到真正集合团队优势与个人素质为一体,才能做到对新闻事件的准确把握,真正做到新闻时效性和新闻报道广度和深度的结合。

2. 把握正确舆论导向,负面新闻讲究策略

正确的新闻舆论导向是促进社会和谐发展的前提,引导人们的社会行为。山西新闻网的新闻报道以宣传党的政治经济观为头条新闻,以省内人民群众的社会文化生活报道为主。其中正面新闻和中性新闻为91.1%,占新闻内容的绝大多数,为报道的负面新闻仅占一小部分,比例为8.9%。

新闻媒体的舆论导向作用是构建社会主义和谐社会的重要思想范畴之一。我国新闻媒体应以党性宣传为主,新闻媒体要勇于弘扬社会正气,建立明确的是非判断标准,报道内容应充分结合政策的宣传报道,帮助树立正确的社会主流价值观,要体现社会正能量。对于有些失实的负面新闻报道,引起的社会的不安和动荡,将对群体乃至社会造成不可弥补的影响。因此,只有发挥好媒体把关作用,坚持正确的舆论导向,才能促进社会和谐。

但是对于负面新闻题材,怎样才能做到合理有效的报道呢?在对负面新闻的报道中,应该提高稿件审核标准,使报道能够在负面题材中发现积极因素,及使发现不了积极因素,也会以建设性的态度处理消极因素,引导人们从中反思,从而避免给社会带来的消极影响。

3. 新闻搭配方式多样化,增强可读性

由于互联网的快速发展,网络新闻传输量突破传统媒体版面的限制,新闻文本和图片、视频、超链接、新闻言论的搭配更是增强了新闻的可读性和趣味性。也是形成网站特色的重要因素。

调查显示,山西新闻网的新闻配图率为 17.3%,配评论率为 14.7%,配视频和超链接位 20.3%。新闻搭配上缺少必要的修饰、整理和引导,没有很好地进行新闻内容表现方式处理。

对此,山西新闻网需要加强新闻信息的整理和筛选,加强新闻的整合引导作用,加强新闻摄影和采集图片的力度。提高互联网业务操作水平,合理增加视频新闻和新闻相关链接。针对图片新闻专题,应培养高素质的新闻摄影团队。在视频新闻的制作上,重点提高新闻专题制作水平。另外,具有深度和能产生影响力的评论,是媒体品牌形象的提升的一部分。新闻言论需要在抓住新闻特点的同时,写出新闻深层次内涵。

4. 加强原创性,塑造自身特性

山西新闻网的新闻原创性不高,多数新闻报道来自本地传统媒体。新闻的原创性,倡导新闻创作的首创精神,即重视发现与创新的精神。倡导新闻原创性深层次上是对记者原创力和独创性的肯定。

因此要加强本地新闻原创性,首先要培养优秀新闻人才,建立新闻制作体系,形成自身网站的个性和特色报道。其次,需要合理利用网络新闻媒体新闻采访权,深入一线,通过在线访谈、现场直播报道大型活动;网站与传统新闻机构达成深层战略合作关系,建立专门的供稿系统,实现资源共享,合作互利。作为一个省的地方性门户网站,山西新闻网既要做好本地官方"传话筒"的职责,又要认真服务广大网民,这就需要山西新闻网做新闻报道时合理分配资源。

新闻网站的成功必须由自身独特的个性,这就需要山西新闻网尽快建立自身报道个性,这就需要娴熟的写作、编排和业务操作水平。应从长远和全局出发,建立一整套完备的网站新闻经营策略。

三、网络新闻发展的趋势

网络媒体是目前历史最久、影响最大的新兴媒体。在这个平台上,文字、数据、图片、声音、图像等各种形态的信息都可以自由地双向传播。在这里,我们试图从网络媒体提供的新闻服务、网络新闻的多媒体传播方式、网络媒体的新闻传播活动等方面,来分析网络新闻可能的发展趋势。

(一)网络媒体的新闻服务更加注重原创性

作为媒体,"传播新闻"的功能仍然是网络媒体的基础。目前不管是商业网站还是传统媒体网站都需要继续提升新闻服务品质。追求原创是这一要求的突出表现。传统媒体呼唤"内容原创",即追求独家新闻、独家报道等等。网络媒体因其传播方式的改变和竞争的加剧,会更加注重原创内容的制作和发表,这与网络传播的交互性、个性化是密切相关的。网络传播一改单向传播为多向传播,从由点到点的传播到由点到面的传播,个人可以按照自己需要从网上任意站点获取信息。对于用户来说,有特色、原创内容多的网站更具有吸引力。在新闻网站之间、新闻网站与传统媒体之间都存在竞争,而且竞争将随互联网与媒体的发展日趋激烈。面对如此激烈的竞争,"个性"将成为网络媒体的立足之本。增加原创内容分量将是网络媒体追求个性,求得生存发展的一条有利途径。

(二)网络新闻的多媒体传播方式逐步发展和完善

多媒体功能是网络传播的一大特点。所谓多媒体传输,是指将数据、文字、声音、图像与影视信号数字化,通过网络来进行传输和处理的传播方式。在多媒体传输方面,新闻网站已取得了一定进展。如今,进入任何一家新闻机构的网站,人们既可以看到文字报道也可以看到精彩生动的图片,有的还提供录音报道或图像。有的网站甚至提供对大型活动的网上现场直播。互联网是高科技产物,它本身也在不断发展以适应各种需要。网络媒体会随着科技的发展而得到改善。技术条件的改善和互联网技术的进一步发展是网络媒体真正实现多媒体传播的推动力。[1]

(三)网络媒体的新闻传播活动日渐规范化

互联网以及基于其上的网络媒体的迅速发展,对传统的新闻传播和新闻媒体将产生广泛而深远的积极影响,它会促动新闻媒体的自身变革,推动新闻事业的更新发展。然而,任何事物都有其两面性,互联网和网络媒体也不例外,它们在发展过程中既给人类带来了新的机遇

---

[1] 郑洁、马传谊、解绍宁:《中国网络媒体发展的特点与趋势》,《电子政务》,2012年第8期,99页。

和希望,也带来了新的问题和忧虑。特别是在有关网络传播各项法规还不健全的情况下,涉及安全、色情、侵犯他人隐私、诽谤、造谣、知识产权保护等各方面的案例层出不穷。任何事物的发展都有一个从不成熟到成熟的过程,网络传播也是如此。相信这些问题将随着互联网技术的进步、各项法规的健全和网站自律的提高逐步得以解决。

第三节 公安微博发展策略

微博以其即时互动的特点,成为众多中国网民交流互动的第一大平台。微博热议时事、表达观点、互动社交已然成为众多网民的生活常态。各地政府机构则顺应了潮流,纷纷开通政务微博,发展"微博问政",通过微博与广大网友亲切互动。2014年4月1日,《国务院办公厅关于印发2014年政府信息公开工作要点的通知》,明确要求"加强新闻发言人制度和政府网站、政务微博微信等信息公开平台建设,充分发挥广播电视、报刊、新闻网站、商业网站等媒体的作用,使主流声音和权威准确的政务信息在网络领域和公共信息传播体系中广泛传播。"政务微博建设得到中央极大的支持和鼓励。

在2012年政务微博普遍兴起与大范围应用的基础上,2013年中国政务微博的活跃程度进一步提升、内容更加丰富、互动更加频繁,已成为政务部门权威信息发布、政民互动提升、网络舆论引导和公共服务提供的重要阵地。而如何综合协调政务微博与其他新兴或传统信息化手段形成合力,共同构建国家治理体系与治理能力的现代化则成为未来发展的主要趋势,这些都成为促进中国政务微博发展的客观必然。

作为全国政务微博的先行者和模范,公安微博也正在如火如荼的建设。据中国警察网2015年1月27日报道:在由人民日报社、新浪、微博联合主办的"新形势·新常态·新思维—2015 移动政务峰会"上,公安微博凭借整体的优异表现揽获微博 5 年特殊贡献奖。另在《2014 年政务指数报告》中,20 大政务机构微博中有 10 个是公安微博。公安微博的发展,为网络信息化时代政府部门打造亲民、服务形象提供了新思路。但发展的同时,微博的管理和运营问题,地域发展不平衡,三四线城市发展缓慢等问题也开始凸显,这也成为当下公安微博乃至政务微博亟待解决的难题。

本节以运城公安微博的发展现状为例,探寻公安微博的发展路径。

一、运城公安微博现状

(一)运城公安微博概述

2011 年,在全国各个省份公安微博群爆发式增长的大背景下,山西省运城市公安局也积极响应,于当年的 3 月 21 日正式在新浪微博平台开通政务微博"平安运城",并以"你我共同努力,使之成为我们密切联系的桥梁"作为微博运营服务的理念。运城警方希望,"平安运城"能够为广大网民和运城公安机关的沟通交流提供一个最好的窗口和渠道,能够以真诚的沟通、畅通的互动积聚人气,赢得民心,真正做到以微博之力,服务人民群众,助推公安工作发展。据不完全统计,截至 2015 年 5 月 1 日,运城全市各级公安机关共建立新浪官方微博 40 个,其中经过机构实名认证的有 28 个,公安个人微博共 30 个,其中经过实名认证有 3 个,基本实现了全市、县级公安机关全部开通官方微博,形成了以"平安运城"为首的全市公安机关微博群。根据新浪网"2014 政务微博年终盘点山西站"显示,山西 top10 公安系统微博影响力排行榜中运城公安微博占据两席,分别是排名第六的"平安运城"以及排名第九的"平安盐湖"(图1),说明运城公安微博经过几年发展建设,已有个别走在了山西公安政务微博发展的最前列,成为运城公安微博建设的排头兵和榜样。

(二)运城公安微博发展现状统计分析

由于在所有已开通的运城公安微博中存在许多没有经过新浪官方认证的情况,这些微博账号无法保证其真实性,且大多属于较长时间没有更新的"僵尸账号",因此,为了保证统计结果的有效、真实,本部分选取运城所有的已通过新浪官方认证的公安账号,共计28个,观察的时间区间为2015年1月1日0时起至2015年4月30日止。具体统计情况如下:

1. 区域、职能、级别分布

经过新浪微博搜索发现,截至目前(2015年4月30日),运城市及盐湖区、十三县公安部门都开通了官方微博,运城市公安微博基本实现对全市、区(县)的覆盖。在具体的职能分布方面涉及有交警、车管微博、火警微博和禁毒微博等等,其中有交警微博7个,消防微博3个,车管、禁毒微博各1个,可见职能部门中,交警微博发展较快。而在对所有的区县的调查显示,平陆、盐湖、稷山公安相关微博都有三个及以上,开通情况好于运城其他地区。但总体而言,各县区的派出所微博以及民警个人微博都十分稀缺,基层微博的开发建设并没有实质性的进展。

2. 微博名称、头像等页面布置

经过观察研究发现,目前运城公安微博账号的命名方式有以下几种,一种是以当下公安微博普遍使用的"平安"+"地名"形式命名,如"平安盐湖""平安平陆"等,另一种是"地名"+"部门名称"(或"地名"+"警种")。此外还有一些个性化的名称,如运城市公安局华信分局官方微博名称为"华信警事",运城市公安局城南分局官方微博名称为"最佳城南分局"。以"平安"方式命名,体现了公安部门维护社会治安,努力营造一个和谐社会的决心和愿望,而以"部门"方式命名,则是公安微博向下级各个职能部门的延伸,使公安微博的服务更加细化、具体、有针对性。公安微博头像则主要有警徽和卡通警察形象两种形式,还有少部分是部门的工作照、代言人等一些个性头像。警徽体现了一种威严和使命感,展示了公安机关打击犯罪、维护正义的愿望和责任心;而卡通警察头像则显得更为亲切活泼,无形中拉近了部门与人民群众之间的距离,传达了公安亲民形象。在主页背景设置上面,多数以浅蓝色纯色为底色,但也有个别微博账号设置了特色背景,例如"平安盐湖""平安永济",则设置了"新浪微博政府版"的主题背景(图2),显得独树一帜,彰显政务微博的特点,整体更有辨识度。

统计结果表明,运城公安微博在名称和头像、背景等方面保持着较高的规范性和统一性,这样可以清晰地展现出公安微博的特点,使网民可以更加方便直观地通过这些页面设置分辨出公安微博,更有利于公安微博的宣传传播。

3. 粉丝数及发文量

微博"粉丝"指的是关注该微博的人群,因此"粉丝"数量在某种程度上直观地反映了受关注受欢迎的程度,截至2015年4月30日24时的统计结果表明,运城公安微博中有11个粉丝数破万,达到总数的40%,其中平安平陆粉丝数更是突破20万,一举超越了运城其他各县区以及市直属公安微博。此外,公安微博下的各警种微博粉丝数几乎全部垫底,只有"山西运城交警"过万。

"发文量"则一定程度上表现了微博的活跃度。在所有的28个微博账号中间,微博发布数破万的只有2个,分别是"山西运城交警"和"平安盐湖",而相对的这两个微博所拥有的粉丝数也较多,这说明了,发文量对粉丝数具有一定的影响。但也不是必然,就拿"运城市公安指挥中心"为例,发文量甚至没有破千,排名17,但粉丝数却达到将近10万,排名第3。又如"河津交警""稷山交警",虽然发布了3000多条微博,表面上显得较为活跃,但事实上却鲜有人关注。

运城公安微博粉丝数与发文量统计情况

名称	粉丝数	粉丝数排名	发文量	发文量排名
平安平陆	240530	1	2183	12
平安运城	154965	2	7517	4
运城市公安指挥中心	99392	3	939	17
山西运城交警	96964	4	16320	1
平安盐湖	39271	5	14969	2
平安河津	18023	6	8132	3
平安临猗	15781	7	144	27
平安芮城	15036	8	1062	15
平安绛县	14087	9	3810	7
平安垣曲	13719	10	407	20
平安中条	12962	11	392	21
平安永济	8023	12	304	22
平安万荣	7329	13	303	23
平安夏县	7042	14	477	19
平陆交警	5526	15	1467	13
平安新绛	5466	16	697	18
闻喜交警大队	4542	17	2305	10
盐湖交警	1817	18	5731	5
运城车管	1688	19	186	24
山西运城市消防支队	1656	20	972	16
绛县公安局交警大队	1060	21	4300	6
河津交警	1000	22	3021	9
清涧派出所	825	23	177	25
最佳城南分局	204	24	147	26

续表

名称	粉丝数	粉丝数排名	发文量	发文量排名
稷山交警	175	25	3072	8
临猗交警	157	26	2219	11
稷山消防	103	27	1094	14

4.标签、简介、兴趣主页、关注人群

"标签"是政府官方微博对自身的定位,一般都是以词组形式出现,便于网友查找和识别。大部分公安微博(18个,占64%)都贴有恰当的标签,如"公安""法制""平安""奉献"等都是常用的标签,但笔者注意到,"平安平陆"的标签设置的是"老张",而公安微博所代表的是公安群体,用一个让人摸不着头脑的个体标签"老张"命名,显得不太合适。还有"稷山消防"标签是"教育",让人的第一感觉像是教育局的微博而非公安局。

"简介"是对公安微博对自身简要介绍,一般都是以一句话或几句话的形式出现,表达微博服务的理念、目标、期望等等。在28个微博账号中间,有16个账号设置了简介,占所有账号的57%,例如,"平安垣曲"的简介:发现美好,分享感动!无论环境如何,依然相信正义!短短的二十几个字,便体现了此微博的功能和该公安捍卫正义的决心。

"兴趣主页"的关注是指政府对各种微主页、微话题的关注,而这些话题往往也是网民极为关注、广泛参与的话题,这样政府则可以通过此种方式及时了解网民对热门话题的意见和建议,是一种了解舆情、倾听民声、与民互动的极好的方式。但目前在28个公安微博样本中有仅有4个设置了"兴趣主页"的关注,如"平安盐湖"关注了#关注餐桌安全#、#微警情#等主页话题。(图3)

"关注人群"指的是公安微博账号主动关注的微博网民和微博机构。研究发现"平安盐湖""平安运城""平安平陆""最佳城南分局"都关注了各种类型各行各业的网民,而其他多数公安微博关注的主要是各类经过加"V"认证的机构或个人,如政府机构、社会组织、政府官员、新闻媒体以及社会各界名人明星微博等,而对普通网民的关注则比较少。研究中还发现公安微博对于关注它的网民予以关注得很少,没有形成互相关注的微关系氛围,这样不利于公安部门更加贴近群众,了解群众心声。

5. 微博内容统计分析

(1)语言风格和发言身份

政府部门给人的印象往往都是权威、严谨、刻板的形象,因此微博中轻松活泼的语言风格可能会给公安微博加分不少,无形中拉近与网民的距离。在调查中发现,在 28 个样本中,大部分微博的语言形式拘谨且正式,多是些规章制度,工作报告,新闻稿等的官样文章,显得枯燥乏味。但也有少部分的博文以幽默、诙谐的方式,运用网言网语来进行传播。比如"平安绛县"在 2015 年春节假期期间发布了一篇帖子"【过好节莫酒驾】过年了,高兴,怎么也得喝两口!春节了,交警也休息了,喝点儿没人查!少喝点,歇一会儿再上路,吹不出来!就这两步道儿,一脚油就到家了,踏实喝没事!这几句话,您要是听谁说了,麻烦告诉他,过节交警叔叔可是不放假,正在马路上等他!您觉得谁可能犯这个错,也@一下,当是提个醒吧!"(图 4)用一种俏皮、幽默的方式,劝诫人们切勿酒驾,这种方式,显然比硬生生地发布规章制度更有传播效果。

从发言身份来看,大多数微博管理员都能够以公安机关集体口吻发言,还有个别微博则发文口吻混乱——时而是代表集体,时而又在发文回复中出现"我""小编"等的代表个人的字眼。

(2)原创数与转发数统计

在 2015 年 1 月 1 日—2015 年 4 月 30 日的时间段内,28 个样本微博账号的内容发布量及原创率如下表所示:

名称	原创数	原创率(%)	原创发布被转发数	转发率(%)
平安平陆	14	25	0	0
平安运城	51	52	3	5.88
运城市公安指挥中心	92	68	7	7.61
山西运城交警	60	48	6	10
平安永济	20	13	3	8
平安盐湖	112	65	12	11
平安河津	15	24	1	6.67
平安临猗	0	0	0	0
平安芮城	17	15	1	5.88
平安绛县	23	11	2	8.7
平安垣曲	17	13	0	0
平安中条	12	13	0	0
平安万荣	25	21	3	12
平安夏县	0	0	0	0
平陆交警	11	5	1	9.09
平安新绛	12	13	1	8.33
闻喜交警大队	12	15	0	0
盐湖交警	15	17	3	13
运城车管	0	0	0	0
山西运城市消防支队	25	11	3	12
绛县公安局交警大队	52	13	0	0
河津交警	30	5	0	0
清涧派出所	5	20	0	0
最佳城南分局	0	0	0	0
稷山交警	11	2	0	0
临猗交警	5	2	0	0
稷山消防	3	1	0	0
平陆消防大队	2	0	0	0

可以看出,"平安盐湖"的原创发布(112个)最多,而"运城公安指挥中心"的原创率(原创数/发文总量:68%)则最高。而在所有的微博账号中间,县级及以下微博的原创发文量都比较少,微博原创率都不超过30%,甚至像"平安临猗""平安夏县""最佳城南分局""运城车管"2015年至今没有任何微博发布,数据统计均为"0"。在原创的转发数上及转发率上,同样是"平安盐湖"高居榜首,但整体来看,所有的公安微博被转发的频率都没有超过15%。

(3)原创内容分类展示

运城公安微博发布的原创内容主要涉及5个方面,包括警务公开、便民提示、安全防范知识普及、本地便民提示以及其他。

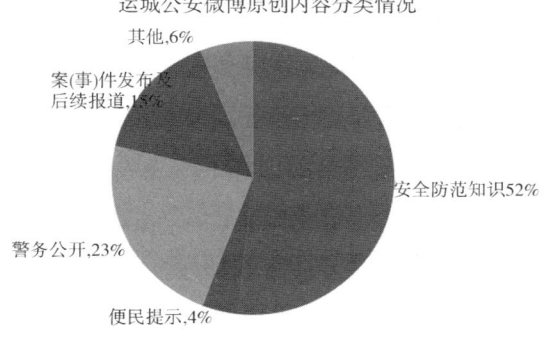

运城公安微博原创内容分类情况

其他,6%
案(事)件发布及后续报道,15%
安全防范知识52%
警务公开,23%
便民提示,4%

"警务公开",是指公安微博对于警务人员先进模范事迹,规章制度,领导活动等的报道和展示(图5)。调查中关于这方面的内容所占比重达到了23%,一定程度上展示了警队形象。

"安全防范知识"多是一些日常的安全防范小贴士,能给我们的生活提供一定的方便。但是这些内容多是从其他地方粘贴然后稍加改动作后作为原创发布,是最没有"技术含量"的"原创",这类内容占到一半多,长期下来会让网友产生视觉疲劳,失去阅读兴趣。但是如果多一些"原创性"效果便会好很多,例如:"平安绛县"曾发布一条由该

县一名基层民警编写的"高楼逃生安全谣"用一种朗朗上口的方式给网民普及逃生知识,引发众多网友点赞转发。(图6)

"便民提示"主要是针对本地居民的一些便民举措的发布,内容紧贴当地生活。比如说在2015年2月21日,由于之前一天运城降大雪,导致临陌县路段结冰,"盐湖交警"紧急发布通知,封闭该段道路,并提醒广大司机朋友绕行。(图7)这样的发布,是非常受本地居民欢迎的,因此4%的占比远远不够。

"案(事)件发布"则主要是对一些案件的通报,犯罪在逃人员的通缉,失物招领信息,以及寻人启事等等。在2015年3月13日,"平安运城"发布微博搜寻芮城县一名失联多日的19岁女孩,经过网友的扩散转发,失联的孩子最终与同家人取得联系,"平安运城"对此事也进行了跟踪报道。(图8)公安微博的开展就应该多一些这样的"正能量"。

还有些关于"其他"方面的信息,包括了一些幽默段子,名人名言,心灵鸡汤,养生保健等娱乐内容,这些内容似乎与公安工作毫不沾边,却也占到了所有内容的6%,甚至超过了"便民提示"。

二、运城公安微博发展中存在的问题

(一)地区发展不平衡,基层微博数量少

虽然运城十三个县包括盐湖区在内的所有县区都开通了官方微博,但发展状况却不尽相同。例如平陆等少数县区不仅发展有多个警种的微博账号,而且其粉丝数、发文量情况也相对更好;而与之形成鲜明对比的,诸如夏县,只有"平安夏县"一个综合微博,粉丝数也未破万,而且最近一年竟没有任何微博发布。各个县区发展极度不平衡。另外,在所有已认证的微博账号中,基层派出所的微博账号只有"清涧派出所"1个,公安微博在运城乡镇派出所、警务室的开展不足。

(二)微博内容流于形式,原创率整体较低

目前,虽然运城各地公安微博建设的呼声比较高,微博整体开设的数量也不在少数,但雷声大雨点小,微博实际建设的质量却不尽如人意,微博发布流于形式,内容乏善可陈,缺少创新。有的地方和单位为了完成指标,被动应付、草率开博,不及时更新信息(如"平安临猗",自2014年9月15日以后便遭弃用),或者为了追求微博的发布数,大量转发各种内容,原创数严重不足,还有的公安微博账号甚至自启动后就没有发布任何信息,微博长期处于"休眠"状态。有些公安机关虽然发布了许多所谓的"原创"微博,但所发布的内容尽是些领导活动、会议消息,而且语言生硬刻板,习惯于说套话、打官腔,没有发挥公安微博服务群众的功能,倒成为了其宣扬政绩、拉选票的平台。有些微博则发布了许多与民生警务工作及公众关注的社会热点无关的信息,诸如"心灵鸡汤"、"名人名言""养生保健"等,这样的微博大量刷屏,不仅不会引来网民围观,时间长了,反而会引起人们的反感,取消对其关注并质疑其微博的作用。

(三)微博被转发评论次数少,警民互动沟通不畅

在调查中我们发现,与动辄就上万的微博粉丝数相比,运城公安微博实际内容的转发和评论次数却是少得可怜,这说明了,虽然运城公安微博拥有所谓较高的"人气",但广大网民仅仅是去关注然后单向地接收公安微博发布的信息,并没有进一步对微博内容发表意见,与公安机关形成有效互动。互动沟通不顺畅,我认为有以下几点原因:

首先,微博关注的粉丝大部分是来自于当地的网民,他们更希望得到更多关于本地的资讯以及便民服务信息,但实际上,运城公安微博原创率低下,多是简单机械地转发一些其他地区的微博,没有充分结合当地的实际情况,而且内容死板官僚化,还有的微博更是随心所欲,偏离主题,因此无法激发网友的参与热情,互动便无从谈起;此外,大部分公安机关还没有形成通过微博与网民进行沟通和互动的习惯,只是单纯地发布信息。在已经评论的帖子里面,网友的大多数回复并没有得到回应,或

者是回应不及时,又或者是官方的回应不够清楚彻底,并不能够解决网友的问题,这样长此以往,人们便会对公安微博失望,不愿再参与互动。

(四)公安微博管理混乱,缺少建设考评机制

许多公安微博的管理人员并没有经过微博管理相关的专门培训,或者说根本就没有固定的微博管理人员。这样导致的结果就是,发布微博的人,由于专业水平的限制,不清楚微博的特点和使用规律,不清楚自己的职责,不知道自己所代表的身份便随心所欲地在公安机关的官方微博上发布信息,发文称呼一会儿是"我"一会儿是"小编"一会儿又是"我们",发布口吻混乱不堪,完全忽视了其官方的身份。

此外,缺少统一的建设考评奖励机制,使得运城公安微博的建设管理缺乏监督,缺少动力。有些地区只是为了完成上级交代的任务才草草开设微博,但由于没有后续的考核,便不再更新搁置不理。有些单位由于人、财、物保障乏力,又没有上级跟进的支持,微博建设便停滞不前。

三、公安微博的发展策略

(一)横纵联合,架构公安微博群

面对目前运城公安微博存在的地域及部门分布不均衡的问题,建立立体化的公安微博群成为关键任务。所谓立体化,就是既要在横向上开通公安各个职能部门,各个警种的公安微博,将公安微博的服务内容细化,同时又要在纵向进行延伸,从省、市、县级一直拓展到乡镇的基层派出所,做到群众在哪里,公安微博就能开到哪里,使公安微博真正走到人民群众第一线。这样的横纵联合,可以使公安微博的职能、服务更加明确,人民群众也可以更有针对性地选择微博来进行参与,同时又能实现公安微博跨地域跨层级的互动沟通协作,避免了各自为政的状态。

(二)转变观念,塑造亲民形象

何谓"亲民",就是能够放下官架子,不拉官腔,不说空话,能实打实

地同老百姓心贴心交流,能够真正替老百姓排忧解难。公安微博作为政府机关开设的微博,应该本着为人民服务的宗旨,真正融入人民群众中去。而目前,运城公安微博发文的语调比较官方,语气生硬,官味十足,让人始终觉得有距离感。有些微博即使有专门的管理人员,能够进行日常的维护,但由于没有能够转变观念,放下身段,发文一味地自说自话,而且没有有效的互动,其微博并不会得到老百姓的信赖与支持。

因此,公安微博的建设应该更加的亲民务实,语言风格应该更加的亲切活泼,多用生活化的表达和网民们常见的网言网语,比如说"@运城市公安局指挥中心"发布的一条微博:"有图有真相,这个偷法也叫人醉了!:马先生准备去上班,望向自己的车时却大吃一惊,车的四条轮子全部不翼而飞!警方提示:夜间停放车辆不可随意,没有安全措施的地方,往往会引起贼的格外'关照'!"幽默风趣的语言,使人们开怀一笑的同时也提高了警惕,同时网民还乐意去转发和评论。

此外,要树立亲民形象,就必须增加与老百姓沟通交流的机会,提高互动的频率,对于网民的评论要及时地回复,对于网民的疑问,要耐心地解答,只有多沟通才会了解人民群众的想法,急人之所急,想人之所想,真正地把老百姓当作最亲的人,老百姓才会和你亲近。

(三)规范内容,创立特色服务

1. 适时更新,避免"僵尸化"

公安微博的建设不只是一个"面子"工程,为了迎合上级的指示而草草建立微博却不更新,这是必须要摒弃的做法。微博的内容要实时以及适时地更新,遇到紧急事件需要民众知晓的,必须在第一时间进行发布。要保持微博的有效和可持续发展。

2. 立足本地,支持原创

运城市公安微博服务的主体是整个运城市的公民,因此发布的微博应该紧紧贴近当地实际,为本地居民的生活保驾护航,提供帮助。

要保证微博内容的质量,减少转发率,增加原创微博,丰富微博内容。

3. 立足民生,聚焦热点

要提高原创率,并不是一味地发布一些诸如工作报告,领导活动,规章制度等的内容,也不是发布一些对公安机关工作毫无意义的"鸡汤笑话",微博的发布重在质而不是量。要提高微博的质量,就要多聆听民众的诉求,多关注网友热心的话题,多发布与人民群众利益密切相关的内容,真正地服务群众。

(四)完善管理,建立长效机制

俗话说"无规矩不成方圆",运城市公安微博之所以发展良莠不齐,从根本上是因为缺少从上而下的制度化的管理和监督。公安微博要想长期发展下去,就必须进行专门化的管理培训,设立专门的微博管理人员,同时建立长效的考评机制,对公安微博进行不定期的考核检查,对于优秀的微博要进行奖励,对于"僵尸微博"要进行通报,并责令其限时整改。这样长期坚持下来,运城公安微博才有可能"百花齐放"。

由运城公安微博的发展可以看出,公安微博发展迅速,进行了一定的探索和发展,在发展规模、影响力、服务力、覆盖面方面都取得了很大的成绩,但仍存在一些问题。主要表现为:微博更新不及时、不能及时回复解决群众问题的应付式管理,内容和形式刻板单一、缺乏有效互动,公安微博开通数量太少,认证杂乱无序,定位模糊不清等。因此,为促使公安微博更好地发展,需要使用专业人员管理微博、尽量使用亲民话语、加大公安微博的开通力度及活跃度、强化公安微博认证机制、及时与网民互动沟通并有效解决问题,把公安微博的作用发挥到极致。

附 录

《山西晚报》新闻报道的现状与发展对策

引 言

晚报是指傍晚前出版的都市类综合性报纸。晚报一般是下午2点左右出来的,主要是报道从前一天上午到当天上午发生的事,由于时间原因有些是报道当天的新闻,因此进行现场采访和报道的可能性就越大,所以一般晚报的时效性与早报相比差一点。不少国家和地区的报纸,为了适应现代社会信息量增加和读者及时了解外界新情况的迫切需要,发展成为几个小时即出版一期的"时报",从而形成每天出版的晨报—晚报体系。

山西有着深厚的文化底蕴,山西报业可以说是山西文化产业的支柱,在2005年向市场全面开放。《山西晚报》是全国唯一一家以省名命的晚报,它也是山西日报报业集团属下的第一大子报,在山西省现有的平面媒体中,《山西晚报》是在山西全省和太原市发行量最大的纸质媒体。随着新媒体的出现,报业受到了很大的冲击,为了吸引受众从而使得报业得到更好地发展,报纸从内容、版面、副刊等方面进行改革,从而使报业得以健康发展,在留住原有读者的同时吸引新的读者。

本文以狭义的新闻报道内容为限,即副刊和言论之外的新闻,分析新闻报道内容主要包括政治、经济、文化、社会新闻等,以及报道倾向如何、新闻来源、写作结构等方面,对连续六个月的《山西晚报》新闻报道内容进行分析,最终呈现《山西晚报》的发展现状、存在问题,并为此提出相应的对策,以促使其健康发展。

一、《山西晚报》产生与发展现状

（一）《山西晚报》的产生

《山西晚报》创立于1999年12月1日,在太原地区发行4开40版。《山西晚报》注重民生和服务、引领时尚,拥有道德与法律、独家报道、实时新闻、现场等名牌专栏和栏目,以及消费、教育、健康、文化和加厚阅读等周刊,内容主要包括社会类新闻、经济类新闻、中国国际类新闻、体育娱乐类新闻、副刊等。无论是从报道的深度和广度还是从有效性和信息量,《山西晚报》都在山西的报业市场占有绝对的优势。《山西晚报》的办报宗旨是：致力于实践党的全心全意为人民服务的宗旨,定位于普通百姓,按百姓的需求办报,坚持"读者至上",不断提高"以正确的舆论引导人"的深度和力度,把为民解难和为民分忧相结合,尽心竭力的为公众服务,架起党和政府与公众沟通的桥梁。

（二）《山西晚报》的发展现状

1. 报刊发行量

目前,《山西晚报》在全省的日发行量达28万余份,有100余个发行网点,,其中,太原地区的日发行量达8万4千余份。

2. 报刊版面

山西全省周一23版,周二至周四31版,周五40版,周六和周日15版；太原地区(含榆次)周一40版,周二47版,周三和周四55版,周五63版,周六和周日15版。

3. 报刊影响

《山西晚报》在2001至2003年连续三年被山西省新闻出版局评为"山西省一级报纸"。2004年由山西大学的信息调研中心、央视索夫瑞调查机构在山西的调研组织组成的调查团,由山西省广告协会初次发布了报纸媒介市场考察结果,此次考察通过调查多家山西省省级报纸的传阅度、品牌认知度、发行量、读者量,结果显示《山西晚报》以61.75%的市场占有率占绝对优势,在山西当地报业市场占统治地位。

4. 人才结构

《山西晚报》是一张朝生机勃勃的报纸,现有员工197人,其中采编一线员工有155人,绝大多数是20至35岁之间的青年,所有员工具备大专以上的学历,82%的员工有丰富的新闻从业经验。报社现设有十六个部室分别是:经济新闻部、社会新闻部、专特稿部、热线新闻部、地方新闻部、要闻部、时事部、影像部、文体新闻部、时评部、副刊部、周末部、技术部、策划部、总编办公室和网络新闻部。

5. 报刊浏览形式

随着新媒体的出现,大大冲击了传统的报业,为了顺应时代潮流《山西晚报》也做出了很大的改变,例如在网上开通了《山西晚报》数字报、手机山西晚报APP(指尖山西)、山西晚报的微信公众号、山西晚报的微博,通过多种方式使《山西晚报》更加便捷、快速的使读者查看到报纸内容。

二、《山西晚报》新闻报道的现状分析

本章以新闻报道的内容为限,即副刊和言论之外的新闻。分析新闻报道内容、报道倾向、新闻来源等方面,对2015年6月至12月连续六个月的《山西晚报》新闻报道(不包含头版、广告刊面、副刊)进行

分析。

(一)内容分类

以新闻内容来分类,在中国,可以分为政法新闻、国际新闻、经济新闻(有些称工交新闻、财贸新闻)、军事新闻、文教卫生新闻(包含文艺)、体育新闻、社会新闻[①]。根据表1所示,对《山西晚报》6至12月份的新闻内容进行分类统计和排序,社会新闻所占比重最高为56.41%,第二位的是文教卫生新闻占16.61%,第三位是经济类新闻占12.27%,第四、第五位分别是政法新闻占10.57%、国际新闻占4.14%。根据图1清楚的显示出各报道内容所占的比重有所不同。

表1 《山西晚报》新闻报道内容统计表

	政法新闻	国际新闻	经济新闻	社会新闻	文教卫生新闻
6	19	5	30	109	47
	9.05%	2.38%	14.29%	51.90%	22.38%
7	24	8	33	146	34
	9.8%	3.27%	13.47%	59.58%	13.88%
8	38	14	28	129	45
	14.96%	5.51%	11.02%	50.79%	17.72%
9	25	10	31	130	47
	10.28%	4.12%	12.76%	53.50%	19.34%
10	28	11	30	132	38
	11.72%	4.6%	12.55%	55.23%	15.9%
11	26	10	29	128	46
	10.88%	4.18%	12.13%	53.56%	19.25%

---

① 李良荣:《新闻学导论》,高等教育出版社,2006年版,20页。

续表

	政法新闻	国际新闻	经济新闻	社会新闻	文教卫生新闻
12	24	12	33	135	40
	9.84%	4.92%	13.92%	55.33%	16.39%
合计	184	70	214	909	297
	10.57%	4.14%	12.27%	56.41%	16.61%

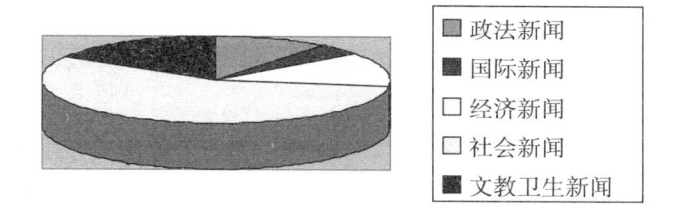

图1 《山西晚报》新闻报道内容所占比重

(二)报道倾向

由表2可以发现《山西晚报》新闻报道内容的不同其倾向也有所不同,从整体来看新闻报道的倾向以正面为主,其次是中性,负面报道最少。其中,政法新闻多是正面,国际新闻多是负面,社会新闻大多是正面,文教卫生新闻多是正面。

表2 《山西晚报》新闻报道的倾向

	政法新闻	国际新闻	经济新闻	社会新闻	文教卫生新闻	合计
正面	148	5	165	526	190	1034
负面	24	57	14	158	19	272
中性	12	8	35	225	88	368

(三)新闻来源

根据表3可以发现《山西晚报》新闻报道内容主要来自媒体、政府、企业和民众,其中,媒体主要提供的是社会新闻,政府主要提供的是政法新闻,企业主要提供的是社会新闻,民众主要提供的是社会新闻。政法新闻主要来源于政府,国际新闻的新闻报道全部来源于媒体,社会新闻、经济新闻、文教卫生新闻大多来源于媒体。

表3 《山西晚报》新闻报道的来源

	政法新闻	国际新闻	经济新闻	社会新闻	文教卫生新闻	合计
媒体	58	70	136	811	270	1345
政府	126	0	58	33	14	231
企业	0	0	15	38	0	53
民众	0	0	0	17	8	25
其他	0	0	5	10	5	20

综合上述总结情况,结合《山西晚报》各新闻内容、报道倾向、报道来源的不同进行分析:

《山西晚报》的新闻内容的选取以社会类新闻报道为主,贴切民众身边的事情,大多数报道山西省省内所发生的事,同时社会新闻报道夹杂着社会的人文关怀、政府相关政策的扶持、法律的相关保障等内容。社会类新闻的倾向多是正面,所呈现出的大多是社会对弱势群体的关怀、宣扬积极向上的价值观、报道好人好事等,如2015年8月31日第7版的社会新闻是《看环卫工辛苦热心肠的老秦走街串巷送水》、2015年8月28日第8版的社会新闻是《公交站旁 聋哑老人迷路了 多方助力 一天内找到亲人》。负面报道多以重大事故、刑事案件、自然灾害等,如2015年8月18日第7版的社会新闻是《4万余元卖了两岁女儿这爹是有多狠心》、2015年7月30日第8版的社会新闻是《瘾君子连续砸车盗窃 全是在自己住的小区》。中性报道多以科普生活中的事情、回答民众提出的问题、号召民众积极投身于公益事业等内容,如2015年7月21日第9版的社会新闻是《爱心助力现在的他们变了样》,2015年11月18日第4版的社会新闻是《吕梁上万人加入公益顺风车》。社会新闻报道大多来源于媒体,报道倾向多是正面或中性,这是由于媒体发挥其搜集信息的作用,更易获取社会热点信息,更加快捷的筛选出读者感兴趣的、关注度高、易于产生共鸣的或热烈讨论的内容;来源于企业的社会新闻大多是正面的,企业投身于公益事业的相关内容更易出现在报纸中,不仅可以起到关爱弱势群体的作用,还可以体现出企业的责任感,从而树立良好的企业形象;来源于政府的社会新闻基本是正面的,发布利民惠民政策、道路改造等相关内容;来源于民众的社会新闻,正面、负面报道对半,正面报道内容多是身边感人的情亲、爱情,或是投身于公益的个人,负面报道内容多是环境污染、利益纠纷等内容。

文教卫生新闻在《山西晚报》中所占比重是第二位的,由于山西有着深厚的文化底蕴,因此在报纸中常常出现介绍山西各地的风土人情、特色习俗,如2015年8月5日第10版的文教卫生新闻是《孝义皮影、木偶:一口道尽千古事双手对舞百万兵》,除此之外还会有一些教育类的报道、山西相关影视的报道等,如2015年10月29日第10版的文教卫生新闻是《＜白鹿原＞咋就相中了上庄古村?》。文教卫生类报道大多来源于媒体,以正面报道为主,主要是起到宣传山西文化的作用,而负面报道仅限于对文物的破坏和教育中出现的问题;来源于政府的文教卫生报道多数发布教育相关政策与规定,因而情感倾向大多是中性或正面;来源于民众的文教卫生类报道多数是正面,内容主要是介绍家乡的文化、展示文学或字画作品等。

经济新闻在《山西晚报》中所占比重是第三位,经济新闻的主要来源同样在于媒体,以正面和中性报道为主,内容包括城市的房价波动、股市走向等,如2016年8月5日第6版的经济新闻是《沪指昨日大涨3.69%站上3700点》;来源于政府的经济类新闻都是正面倾向性报道,内容包括人均GDP增长、促进经济增长的经济政策等,如2015年7月8日的经济新闻是《产业优势+政策红利 山西食品产业发展迎春天》;来源于企业的经济新闻正面、负面倾向各占一半,正面新闻包括企业的科技创新、自主研发能力的提升等,如2015年7月3日第5版的经济新闻是《产业升级+企业转型:山西新材料产业的新引擎》,负面新闻主要是一些企业违反法律或者造假等。

政法新闻在《山西晚报》中所占比重是第四位,政法新闻主要来源于政府情感倾向主要是正面和中性,内容包括发布政策法规、时事政治、召开政治会议等,如2015年10月30日第3版的政法新闻是《中国共产党第十八届中央委员会第五次全体会议公报》;来源于媒体的政法新闻正面倾向居多,内容包括学习政策、会议内容,宣扬优秀政治人物等,如2015年7月17日第2版的政法新闻是《我省多项新政促全面扩大开放》。但是,也不乏负面倾向的内容,报道违法违纪人员和单位、弱势群体受到不公平待遇等内容,如2015年7月21日第3版的政法新闻是《中共中央决定给予令计划开除党籍开除公职处分》、2015年7月31日第3版的政法新闻是《中共中央决定给予郭伯雄开除党籍处分》。

国际新闻在《山西晚报》中所占比重是第五位,国际新闻全部来源于媒体的转载,报道倾向以负面为主,内容包括国外的恐怖袭击、战争、经济危机等内容,如2015年12月4日第10版的国际新闻是《美国加州枪响 枪手有备而来》、2015年10月30日第10版的国际新闻是《聚焦俄战机被击落事件》;中性倾向报道集中于国外政治、经济实时重大动态等,如2015年10月31日第8版的国际新闻是《朝鲜明年5月将举行党代表大会》。

三、《山西晚报》新闻报道的特点

（一）从传播渠道来看

《山西晚报》与新媒体联系密切，紧跟时代发展潮流，开设了山西晚报微信公众号、山西晚报微博、山西晚报 APP、山西晚报电子报等。这些都在一定程度上迎合了大众对于"信息快餐"的需求①，读者可以通过多渠道第一时间接收到晚报的内容，同时采用微博、微信的方式可以与读者形成及时的互动，开展丰富多彩的线下活动，从线上到线下的传递克服了以往传统报纸单向传送信息，却得不到读者及时回馈的缺陷。《山西晚报》在与新媒体的融合方面所做出的尝试，是其他同类报纸所不能比拟的，同时也取得了显著地效果，目前，山西晚报微博关注量达到 180 万，这就说明其传播渠道的创新收获了大批读者，也起到了良好的宣传作用。

（二）从报道内容来看

《山西晚报》新闻报道内容多与党的政策、法律法规紧密结合，从而起到了良好的宣传与引导作用。无论是政法新闻，还是占比重最大的社会新闻中，大多会穿插党的政策、法律法规，在报道新闻内容时将其融合在一起从而起到宣传的效果。例如，2015 年 7 月 4 日第 5 版的政法新闻是《山西警方侦破一批严重暴力犯罪案》，在该新闻报道中不仅报道了案件的侦破过程，同时其中穿插了相关的法律条文，使得读者可以在案例中认知相关的法律，起到了很好的教育和宣传效果。

---

① 田怀聪:《地市晚报经营如何逆势创新》，《新闻界》，2013 年第 19 期，61 页。

四、《山西晚报》新闻报道存在的问题与发展对策

（一）存在的问题

1. 报纸定位不清，内容趋同

《山西晚报》作为综合性的报纸，其报道内容主题集中于政法类新闻、经济类新闻、国际新闻、社会新闻、文教卫生类新闻，在报纸主题选取上相对狭隘，并没有考虑到不同读者的需求，尤其是无法吸引年轻读者。此外，《山西晚报》新闻报道的内容很多类似于党报报道的内容，作为晚报没有意识到其读者是广大市民，并非是机关干部或者政务部门，没有与党报做到差异化竞争，从而体现都市类报纸的优势。

2. 报道内容陈旧、题材单一

《山西晚报》报道内容主题集中于五大新闻类别，但是体育新闻、娱乐新闻等涉及较少，作为晚报不仅要给读者以思想的启迪，也要起到消遣娱乐的作用，如果只有五大新闻类别而无其他新闻，就使得晚报失去其原有的价值。以《山西晚报》报道主题为首的社会新闻来看，其题材包括宣传好人好事、公益活动、澄清谣言或者报道身边友情、爱情、亲情的感人故事，这些新闻题材已经成为了报刊首选内容，但是其立足点、后续报道等方面都做得不好，无法抓住读者的眼球没有达到应有的效果。

3. 报道内容的选取有明显的倾向性

新闻报道内容的选取应当客观，但是《山西晚报》在有些报道内容有着明显的倾向性，以国际新闻为例，据笔者6个月报纸的统计，晚报中共出现70篇国际新闻，其中负面新闻高达57篇，反映出编辑在选取国际新闻时强烈的倾向性，据笔者统计凡是出现国际新闻报道的内容基本包括战争、经济危机、恐怖袭击等。反之对于国际新闻正面报道很少，读者想要了解的异域风情、文化等均未涉及，由此可以看出

《山西晚报》在报道内容选取上有着明显的倾向性。例如,《山西晚报》2015年7月25日第7版的国际新闻是《美影院再发枪击案,多人死伤枪手饮弹自尽》、2015年7月20日第10版的国际新闻是《监听丑闻升级韩情报官员自杀》、2015年9月3日第10版的国际新闻是《塔吉克斯坦遭恐袭8名警员丧生》,由此可见,在《山西晚报》中的国际新闻大多是负面新闻,因此可以反映出其报道内容的选取具有很强的倾向性。

4. 重大社会事件后续报道不足

据统计,《山西晚报》中连载的重大社会事件以负面报道为主,这类报道易于产生强烈的社会讨论,关注点也更高具有很强的新闻价值,在《山西晚报》中报道相关内容以后,没有及时报道后续处理结果,也没有报道当害人后续的心理状态,因而造成了连载新闻有头无尾的现状,从一定程度上削弱了报道本身的价值,没有起到引导读者进一步的反思。例如,《山西晚报》2015年6月3日第10版的社会新闻《兴县女孩患重病晋津两地爱心人士联动援助》,这则新闻在社会上引起了强烈的关注和讨论,许多读者也纷纷献出自己的爱心,但是这则新闻没有后续报道,没有使读者了解到新闻中的这个女孩是否康复和她的现状,因而该新闻的价值没有在最大的程度上得到发挥。

(二)发展对策

1. 整合不同报业的资源,实现错位发展

《山西晚报》作为一份综合性、地方性、市场都市化的报纸,应当明确其定位,积极吸收其他按报纸的精华,寻求自己独特的发展空间。晚报的内容也应当扩展开来,不应局限于政法类新闻、经济类新闻、国际新闻、社会新闻、文教卫生类新闻,应当着眼地方,以本土的特色增强亲和力,充分的反映地域特点,以土色土香形成自己的风格和特色,展现出中央和外地报纸、省级报纸在本地所不具有的优势。作为地方晚报应当瞄准"地"字,不等同于关门办报,正确的做法是立足于本地,全方位、多层次的为读者提供各方面的信息①。只有在做到"特大的新闻不漏,热点的话题做够"的同时坚持地域特色,坚持把握现代都市发展的走向和丰富的地区文化内涵,在特大新闻事件报道中,既要有国内外的大事,同时又要紧紧抓住与当地百姓紧密相关的本地新闻做好文章;在经济类新闻报道中,要立足于当地的经济发展与消费水平设置栏目或开设专栏;在文教卫生类新闻报道中,要立足于国家级历史文化名城的文化底蕴,将本地的民间风俗、历史沿革、历史名人与业迹等当地人关心的事件宣传好报道好,从而体现鲜明的地方特色,与其它城市的都市类报纸产生差异,使其与之形成错位互补,从而以自身的特色立于不败之地②。

2. 突出报纸服务特色

报纸为大众服务主要体现在两个方面:一方面报纸为大众提供生活服务的参考称之为"实用纸",另一方面报纸对事件与周边环境提供解读称之为"新闻纸"。随着时代的变迁,作为实用性功能的报纸越来越重要③。作为都市类报纸的《山西晚报》的读者主要是广大的市民,其与市民的生活联系十分紧密,除了对城市周围环境的信息进行有效及时地传播以外,还要关注老百姓的悲欢离合、衣食住行,以报道与百姓生计密切相关的一切问题,例如,收费状况和治安状况、环境治理、菜篮子工程、社区管理、子女入学等④。换句话说,要急市民们急之所急,想市民们之所想,因为党和人民群众的根本利益是一致的,反映人民群众的心声,关注人民群众的生活,是贯彻党的方针政策的重要途

---

① 杨硕奇:《地市级晚报定位浅议》,《新闻天地》,2001年第3期,17页。
② 庄剑:《浅谈地市级晚报的定位》,《宜宾学院学报》,2002年第1期,37页。
③ 彭博:《成都晚报市场定位与营销组合策略研究》,四川大学硕士论文,21页。
④ 庄剑:《浅谈地市级晚报的定位》,《宜宾学院学报》,2002年第1期,38页。

径。因此,服务性也是都市类报纸区别于其他类型报纸的重要特色。《山西晚报》应当抓住这一特色,增添相关内容突出报纸特色从而吸引读者。

3. 完善常规报道,强化深度报道

《山西晚报》在报道重大事件的报道已趋于成熟,但仅限于描述事件而不深入挖掘问题背后的原因、影响和实质。《山西晚报》应通过深入报道、连载报道、后续报道、专题报道的形式,形成具有调查性、分析性的报道,产生舆论扩散效应,聚焦社会关注,一方面可以加深读者对该事件的认识,另一方面可以通过舆论效应促进事情的解决,同时引起读者的反思。最大限度的发挥舆论的监督作用,使得新闻报道更加真实的展现出来。

4. 加大专业性人才培养,提高编辑专业素养

综合性报纸所涉及的报道内容较为广泛,因而需要吸收各方面的专业人才,只有这样才能使得筛选出的文章更具客观性。一方面,可以通过与当地高校新闻专业开展合作,培养专业人才。另一方面,记者和编辑自身也应加强学习,提高自身的专业技能。在报业迅速发展的今天,记者编辑不仅要具备扎实的新闻传播知识、采编写作能力和新闻专业理念,更应注重人文关怀,提高人文素养,加强自身的社会责任感,建立公平公正的报道观。公众需要什么,记者就要去采访什么,编辑就要把什么刊登出来。

结　语

在新闻业快速发展的今天,《山西晚报》应当明确定位,作为综合性的都市报纸,它在顺应时代潮流加强与受众交流平台的同时,更要从其新闻报道的内容着手,寻求可以引起读者深刻反思的、共鸣的、读者喜闻乐见的,集真实性、可读性和故事性于一体的新闻。此外,在新

闻来源、体裁、形式、语言上更加灵活多样,只有这样才能不断吸引读者去阅读,形成高质量的新闻,实现《山西晚报》在发行量、广告收入、经济效益市场地位上的提升,最终促使其健康发展。

山西高校校报现状与发展对策

引 言

高校校报自创刊以来已走过100多年的发展历程。如今,在中国高校校报协会的带领下,校报也在不断地发展、思变。通过走访调查得知,山西高校校报协会也在筹建中,这充分说明山西高层领导与校报工作者对校报发展的重视。

此次研究运用实地访谈与电话访谈的形式,对山西省6所高校的校报进行重点调查。调查结果显示,A类高校(山西大学和太原理工大学)的校报系统相对完善,在他们的新闻网上都有数字校报的专栏;B类高校(山西大同大学与山西中医学院)也有电子校报;C类高校(山西金融职业学院与运城师范高等专科学校)的电子校报正在建设当中。山西高校的校报编辑工作都是在校内党委宣传部的管理下进行的,办报人数从2人到10人不等,大都非科班出身,没有独立的编制,资金全部来自行政拨款,有周报、旬报、半月报、月报四种出版周期类型,除运城师范高等专科学校的校报是二开四版之外,其余都是四开四版的校报。版面内容分布大致相同,比较死板,缺少活力。应保证从业人员的专业性,从而使版面内容从深度上做文章,建立完善的激励机制,促使工作人员提高对办报的积极性。此外,山西高校校报电子化进程较为缓慢,应加快电子校报的建设,还可以开通微博等渠道加大校报的信息量。

一、研究背景和研究方法

（一）研究背景

中国高校校报是有传统的,它随着中国高等教育发端而诞生,随着近代西方报业传入中国、中国本土报业的发展而兴起。高校历来是中国思想理论的重镇,高校校报在中国思想文化史上曾经承担着重要的使命。

1. 中国高校校报的产生

19世纪90年代中期,北洋大学堂创办了全国第一份高校校报。从此往后,校报在我国社会文化发展中起着举足轻重的作用。从蔡元培创办的《北京大学日刊》,到毛泽东主编的湘雅医学专门学校校刊《新湖南》,中国高校校报就引导着中国新文化运动和中国民主主义革命思想的潮流,以思想文化觉醒和觉悟来影响历史前进的方向,从抗战时期高校西迁途中油灯下用草纸印刷的《浙江大学》校刊,到创办于铁皮墙、草顶房中的《西南联大校刊》,中国高校校报发民族之先声,挽救中华民族于危亡之中,号召群众建立起一个自主、富强的国家。

高校校报在建国之前共有25家。建国之后经历了三个阶段:第一,从1949年到1966年,校报刚刚开始和发展;第二,从1966年到1976年,校报受到十年"文革"的严重影响;第三,从1976年到1998年,高校校报蓬勃发展。国家新闻出版署在20世纪90年代末下发了《关于设立高校校报类报纸刊号系列的通知》,规定从1999年1月起,全国范围的高校校报开始使用国内统一的刊号。这也标志着高校校报从此进入了正规化办报的新时代。[1]

---

[1] 邹多为:《高校校报当前状况、存在问题及发展策略》,《知识经济》,2008年第11期,51页。

国家新闻出版总署是在1998年出台了《关于设立高校校报类报纸刊号系列的通知》（下面简称《通知》）。下发《通知》的时候国内正致力于音像制品整顿,大量取消报纸期刊和全国性报纸运行的特殊背景之下。高校校报在这时被批准具有全国正式报刊刊号,这样的态度态度可以充分说明校报在新闻媒体上被肯定和在工作中发挥的积极作用,也说明了校报在整个报纸行业的意识形态和文化领域中扮演着不可替代的角色。①

2. 高校校报始终走不出内部报纸的原因

《通知》在规定设立全国统一刊号的同时,还对高校校报设置了几条限制,就是高校校报还以原来的方式运营,不能像其他社会类报纸一样在市面上出售,不能在校报上打广告,也不能进行其他经营活动,不对校报办报人员评新闻职称,不给校报办报人员发记者证。"种种规定表明,校报即使拥有了国内统一刊号,获得了生存的权利,也没能真正拿掉长期以来戴在头上的"紧箍咒",依旧是内部报刊,就像是清朝时候的"闭关锁国"一样,过着"自给自足,自产自销"的生活。这就在一定程度上使校报工作形成了封闭、内向的特点,也使校报工作陷入僵局,影响校报工作人员的业务水平和工作的积极性。由于校报编辑部待遇低,对业务能力的要求较高,越来越多的年轻人不想选择校报编辑部的工作,只有少数人选择也是为了在以后找其他工作时提供方便,以至于办报人员都是熟悉的老面孔,很大一部分高校人员老化,人没有改变,报纸也就和原来的差不多。

（二）研究方法

此次研究调查了山西省内6所高校的校报,分别是山西大学、太原理工大学、山西大同大学、山西中医学院、山西金融职业学院、运城

---

① 邹多为:《高校校报当前状况、存在问题及发展策略》,《知识经济》,2008年第11期,51页。

师范高等专科学校。下面的数据依据这一次调查分析获得。

前四所高校的校报调查采用电话访谈的形式,对4名校报工作人员进行了简单的访谈,得知四所高校的校报编辑都由校党委宣传部主管,版面都是四开四版,办报经费全都来源于行政拨款,没有新闻专业的从业人员。以校报的出版周期来看,前两所大学的校报为周报,山西大同大学的校报为旬报,山西中医学院的校报为半月报。再从专职人员的人数和从业人员的岗位性质上看,山西大学报有4名专职办报人员,全部为专业技术岗;太原理工大学报有10人专职办报,其中3人为专业技术岗,7人为行政岗;山西大同大学报专职办报人员有5人,没有明确的专业技术岗和行政岗;山西中医学院报无专职办报人员,由宣传部兼职办报。后两所高校的校报调查通过实地访谈的形式对2名校报工作人员进行了访谈。山西金院报的校报编辑由党委宣传部的2名工作人员兼职负责,没有校报编辑部,出版周期为月报,版面为四开四版,学生对本校校报水平的反映总体状况不太好;通过对运城师专报主编的访谈,了解了运城师专报的发展历史、发展现状和发展方向,运城师专报设立有专门的校报编辑部,由主编和副主编2人主持日常工作,版面大小为二开四版,出版周期为月报,比较受师生的欢迎。

二、山西高校校报的发展现状

山西高校校报的主管部门都是校党委宣传部,大都没有独立建制,办报经费只来源于行政拨款,从业人员为非专业者居多,出版周期最短为周报,最长是月报,版面分布大致相同,电子校报尚待完善。

(一)运行机制不完善

在运行机制上,办报体制存在弊端,相应的激励机制也亟待完善。

1. 办报体制僵化

自《通知》规定高校校报由校党委主管、主办,或由校党委主管、校党委宣传部主办以来,作为党委和行政机关报的高校校报基本就没再有什么变动。

在6所高校校报中,山西中医学院报和山西金院报都没有设立专门的校报编辑部,也没有固定的编辑人员,编辑工作由校党委宣传部的工作人员兼任。校报编辑部都没有独立的部门编制,只是隶属于宣传部门下的科室。这种没有固定工作人员的运作方式,缺乏专业性的领导体制,人为地增加了媒体工作的程序,也增加了媒体和党委、行政上和各部门、各单位之间的距离长度,使新闻工作陷入混乱、无序、不连贯的状态,不利于报纸舆论等功能的发挥,阻碍校报工作人员对本校政策和工作的充分认识,从而影响校报工作的质量。即使一些学校充分发挥学生记者的作用,也是在已经僵化的体制下进行的。如山西大学报的学生记者团就有100多人,但也是在党委宣传部副部长的领导下进行工作的开展的。

2. 缺乏激励机制

据了解,6所高校校报工作的激励机制主要以稿费为主。山西大同大学报的激励手段相对较多,除稿费外,在年终评比、全国高校校报评比中获奖也会有相应的奖励;运城师范高等专科学校主要对学生记者进行年终评比,并颁发荣誉证书,以此来激励学生挖掘校园中的新闻事件。

山西高校校报绝大部分没有严格、规范的管理体制,编辑部内没有系统的竞争和激励的机制,付出多少努力、业务能力和工作态度的体现都没有参照物,这是不可能调动起校报工作人员的积极性的。干多干好了没有奖励,干少干坏了也没有惩罚,薄弱的竞争意识在校报工作中及其明显,在这样的状态下,校报是很难办好的。校报工作人员没有竞争意识,致使校报发展停滞不前,这就严重影响了校报的质量和新闻传播的效果。

校报的工作人员薪资水平较低,报纸又不能发行,也不能打广告;校报的编辑人员不发记者证,也无法进行新闻职称的评定,就算是去评定出版系列的职称,相关的制度和途径也没有完善。校报工作在对人员激励上的匮乏,很大程度上影响了校报编辑工作的积极性和主动性,校报编辑团队的进一步扩大和发展受到激励机制缺乏的牵制,从而是校报的质量和品质受到严重影响。

(二)经费、人员比较紧张

省内的一些高校,办报条件受到很大限制,办报资金不足、编辑人员不够成为影响校报发展的两大瓶颈。6所高校校报的经费都是靠的学校里行政上给拨款,现在是仅仅能够维持日常的工作业务,但是没办法进一步扩大和增强校报团队。

1. 办报资金不足

很长时间以来,作为高校党委机关报的高校校报,由于各种制约因素的存在,只能在学校这一亩三分地发行出版,依附学校行政的有限资金生产经营。校报常常免费赠予校内师生和一些兄弟院校,既不卖,也没有利益可图。山西中医学院报一年的办报经费只有5万元,全国半月报的年均经费为9.03万元,明显低于全国半月报的年均经费水平。

2. 编辑人员不够

从目前状况来看,A类高校都有专职办报人员,人数为4-10人。B类高校中,山西大同大学报有4个专职办报人员,山西中医学院报没有专职办报人员,由宣传部兼职办报。C类高校中,山西金院报无专职办报人员,由宣传部的两名工作人员负责办报,运城师专报校报编辑部只有主编和副主编两人专职办报。

这样的状况反映出省内大多数高校校报编辑人手不够,还要同时负责校报编辑过程中的所有事务以及其他事宜。他们往往疲于编辑工作本身,没有闲暇的时间深入地进行学习和钻研,办报人员的水平和校报的质量都很难提高。

资金紧张和人手不足,让校报质量很难提高,也正是因为如此,校报渐渐失去了读者的支持。校报编辑人员本来就少,专职办报人员更是寥寥无几,专业素质普遍较低,三分之二都是非科班出身。

(三)整体出版周期较长,缺乏新闻性

调查结果显示,山西省内6所高校校报中,A类高校的校报出版周期为每周一报,B类高校的校报出版周期有旬报和半月报,高职专科类的校报都是一月一报,校报整体出版周期较长。

在如今网络媒体快速发展的新时期,不及时也就意味着新闻早已不新,这样的缺陷是阻碍校报发展的绊脚石。信息量大是当今时代速度快的特点,而高校校报出版速度缓慢,使其读者越来越少。在网络以惊人的速度发展的时候,所谓的"新闻"刊登在校报上也变成了摆设。教师和学生关注的焦点问题,就因为很久一期的报纸,使这个问题本身失去了新鲜性,久而久之,师生也就不再关注了。

校报周期长、版面小,根本无法与社会上的新闻报纸相比,再加上新闻几乎没有时效性,缺少新闻本该有的价值,使报纸失去了新鲜性和重要性,所以导致校报读者的流失。有些学校的校报对新闻动态的报道只限于校内动态,缺乏对新闻事件的深入挖掘。

(四)版面内容单一,缺乏可读性

在调查的6所高校校报中有5所都是四开四版的"小报",只有运城师专报是二开四版,这样的版面细分程度不够。山西高校的校报已经形成了固有的模式,版面内容上都大致相同,往往一版都是校园内发生的重大事件;二版是仅次于一版的校内新闻,反映本校院系的大小活动等信息;三版是大学生日常生活版;四版几乎都是文学艺术类,以诗歌、抒情类散文居多。在一些重要的节日或是学校的重大活动,校报会推出特刊,如山西大同大学 2015 年 9 月 11 日的校报就是"教师节专刊"。

校报上发表的都是校园里的基本信息,内容上比较封闭和内向,并且校报作为党委机关报特别注重领导和宣传,忽视了服务和群众。高校校报的版面内容和形式都缺乏生动、高雅、活泼的学院派魅力。传统理念阻碍校报发展。高校反复强调校报要做好校党委的传声筒,办报要注重领导,向其负责,这是办报的宗旨,版面内容单一,会议新闻和工作动态占很大版面,没有新闻评论的专栏,缺少与读者群的沟通了解,不注重信息的反馈,违背了为公众服务的新闻原则,这样的报纸只能是领导群的报纸,无法成为广大群众所喜闻乐见的真正意义上的报纸。

高校校报不好办,这几乎是所有高校校报工作人员的共同心声。将 6 所高校同一月份的报纸进行对照,不难看出,他们的内容都是大同小异,当然,这和大学模式相似有关,但也从侧面说明校报内容缺乏创新。

校报信息量本身就小,可报道的范围就那么大,形式上也不如社会上其他报纸那么丰富多彩,再加上校报没有很好的新闻策划,内容公式化,固定的版面布局,缺乏创新,极大地降低了校报的可读性。校报编辑不遵从媒体的新闻规律,使校报的读者越来越少。

三、山西高校校报的发展对策

高校校报"好新闻"奖在中国高校校报协会中每年都会评比一次,虽说山西高校校报也有获奖,但数量不多,一等奖较少,这就说明山西高校校报还有很大的进步空间。

(一)健全相关的机制

增加部门的独立建制和人员编制。据山西高校校报发展的现状和需求,引进一些专业人员,增加校报编辑部的人员编制。在学校资源上进行合理配置,比如在校报工作人员的薪水和工作环境上提供帮助,促进校报工作人员提高积极性,以此来缓解编辑人员不够的瓶颈。

人是决定因素,一个思想素质高、技艺精湛的团队是办好校报的前提和基础。办好一份报纸,从主编、编辑、电脑操作等专职人员到学生记者都需要有较高的思想素质、一定的专业知识、高度的新闻敏感性以及扎实的写作基础。因此,对校报工作人员进行定期培训,不断提高他们的思想素质和技艺是很有必要的。校报管理人员在进行人员的培养时要因人而异,与此同时要完善相关的制度和规范,为校报工作人员进一步学习、提高业务水平做保障。但是,仅仅有了一支业务素质高的团队并不能办好报刊。如果缺乏相对应的运行机制和激励机制,也不能激起校报工作人员的工作热情,势必造成人才的浪费。所以,需要有一个公平合理的政策和措施,在福利待遇等方面消除工作人员的后顾之优。

(二)适当加大投入,缩短出版周期

扩大校报的发行量、增加版面内容和彩色印刷、报纸电子化是校报在往后发展上的方向,在网络媒体不断发展的情况下,只有看清趋势,不断更改创新,才能体现校报的优势,为校报的发展开辟道路和途径。但受到办报资金上的制约,在发行量、印刷形式、电子化等区域没有太大的突破,导致校报的作用无法体现。因此,高校领导要重视和增加校报资金的投入,解决校报办报经费不足的瓶颈。

(三)进行深度报道

山西校报的整体出版周期较长,在没有新闻性的情况下,只能以开办特色栏目、增加报道深度来吸引读者。

1. 开设专栏,创造品牌特色

具有品牌特色的报纸一定是受欢迎的、流行的报纸,这就关系到了报纸的策划。一份成功的策划方案能使公众从校园生活中的方方面面对校园的发展变化有更大程度上的了解,使得新闻真正有了新的效果。这就要求校报的编辑人员,要经过详细的调查取证,对新闻的选题、角度、深度、表现、分寸以及如何合理分配资源进行整体地设计和策划。

同时,校报可以开设一到两个特色品牌栏目进行精雕细琢,以这样的方式来增加读者对版面内容的兴趣,塑造校报自己独到的特点;还可以培育有影响力、有能力的记者、编辑,根据编辑人员的个性量身打造专栏,以局部带动整体,逐步打造不同风格的专题栏目,然后影响和带动整个校报品牌的建设。

2. 对报道内容在深度和广度上做文章

高品质的内容传播是媒体立足的根本,只有唤起公众的注意力和有价值、深度、广度的信息才是高品质的内容。高校校报面对的都是教师和大学生。依据这类公众的特点,在校报上应当体现出对某一问题的深入理解和探索。

高校校报需要在报道的深度上做文章,只有这样才能缓解出版周期长所造成的影响。在深度上做文章就是要从事件的缘由、往后变化的趋向以及导致什么结果等角度全方位地阐释说明,充分利用内容分析法报道新闻事件,增调查报告的内容。例如,可以就餐厅饮食价格的调整、校门口每天停着的私家车、高校医疗保险等学生比较关注的话题推出一系列调查性报道。

言论是报纸的旗帜。读者需要媒体提供分析和判断,以此来快速得到需要的信息。网络便捷、信息量大,大学生思维敏捷、追求个性、知识量大又几乎什么都能接受;但他们还不够成熟的心理、观念,容易让他们产生各种想法,也容易被这些想法和观念左右。这就需要高校校报在进行报道时与法律、道德和舆论相结合,置身公平、公正、理性的位置,对善与恶、对与错加以判断和区分,引导大学生在复杂的社会现象中对事件本身有理性的判断和理解。所以,高校的校报可以增加对事件的看法,创设评论栏或意见栏,论坛内涵的丰富,使校报能更加贴近读者,同时也反映民意和舆论方向。

深度报道和新闻评论,二者相辅相成,使校报劣势转化为优势,肯定可以把校报变成真正能够反映学生的声音和四面八法意见的媒介。此外,高校校报的采访应该要去精心组织,以保证新闻报道的质量,同时,还应创新报道的手法、风格和布局设计,专注高品质、高质量的开发。

结　语

总而言之,在网络媒体此起彼伏的当今时代,高校校报只有积极借鉴和利用网络媒体,加速与其他媒介的融会贯通,加速形式上的转变,充分发挥本身特点和长处,与其他媒介之间想结合,注重校报本身的改变,创造与网络媒体合作共赢的机会,成为一个有机的结合体,以适应千变万化的传媒变局。

聚美优品的微博传播研究

引　言

新浪微博于 2009 年 7 月创立距今,用户规模已基本成熟稳定。最新调查数据显示,在中国新浪微博用户量已达到 5 亿之多,数量如此之多的微博用户意味着庞大的受众群体。微博平等的交流方式,裂变式的传播形式,及时的发布与搜索更是吸引了近 13 万家企业开通新浪微博。聚美优品也不甘落后,于2010年4月在新浪开通微博,至今已拥有510万粉丝的关注。目前学术界对聚美优品的研究基本局限于传统媒介传播方式的创新,对聚美优品微博传播的研究少之又少。本文选择聚美优品的企业微博作为研究对象,具有很高的研究价值。

一、聚美优品微博分析

自2010年4月1日聚美优品开通新浪微博至2016年4月15日,已公开发布微博26678条,吸引了5104704粉丝的关注。由于聚美优品的微博信息量和粉丝数量都比较庞大,因此笔者在本次调查分析中采用了抽样调查的研究方法对聚美优品2016年1月15日到2016年4月15日的微博进行分析。

本次聚美优品企业微博的分析,是建立在美国政治学家拉斯韦尔的"5W"模式之上,即:谁(who)—传播主体;说什么(says what)—传播内容;通过什么渠道(in which channel)—传播媒介;对谁说(to whom)—传播对象;产生什么效果(with what effect)—传播效果。聚美优品微博的开通实质是借助微博这个新兴媒介强大的传播力量,有目的的向受众传达企业文化树立企业形象。本文便是按照"5W"模式中的这五个传播环节系统分析聚美优品微博传播的影响力和其形成的内在原因。

(一)微博传播的主体

传播主体指的是在传播过程中传播行为的发起者,是信息传播的根源和起点。在传统的大众传媒期间,信息的传播者都充当着信息传播中"把关人"的作用,从各自不同的角度对传播的信息进行筛选,此时的传播者与受众界限十分明确。但随着微博自媒体传播方式的出现,传播的主体即刻平民化,任何微博用户都可以是微博的主体。聚美优品作为网上购物平台通过微博树立良好的企业形象引来大批粉丝的关注,粉丝可以通过自己个人不同的目的选择关注聚美优品微博来获取自身的利益,建立在此基础上,我们可以把聚美优品作为本论文中信息传播的主体。

聚美优品作为传播的主体在复杂的网络环境中最主要的是确保自身身份的独特性,以便受众寻找和关注聚美优品官方微博。聚美优品微博通过三种方式展现自身的独特性:第一,打开微博首页,迎面而来的是与其网站、产品包装的风格一致且具有代表性的粉红色,有较强的视觉辨识度;第二,微博页面登载了关于聚美优品企业的基本资料信息以及与企业相关的链接;第三,聚美优品带"V"的微博实名认证以及具有企业标志的头像。这些行为的目的都是为传播主体进行准确定位。

在微博这种传播过程中,聚美优品微博与粉丝之间更多的是单方面的关注,信息往往是跟随式的传播方式,有利于放大聚美优品本身信息传播的主动权。由于聚美优品网站是一个化妆品网购平台,针对的用户大多是年轻女性,聚美优品官方微博作为传播主体将自身定位成女性,以"小美"以这个亲切近人的名字自称,更加方便传播信息。

(二)微博传播的内容

企业微博内容传播指的是企业微博管理者以文字、图片以及短片等介质向公众传达企业的相关内容。由于企业设立微博的目的是为了最大化的宣传企业,让公众了解企业,接受企业,这关乎到企业的运营,所以在发布信息时要慎重衡量,要以粉丝的心理和企业目标的角度为出发点,考虑各方面的问题。

以下,笔者从聚美优品微博的表达方式、微博的主题内容以及微博信息发布的时机选择三个方面来分析聚美优品微博传播的内容。

1. 微博的表达方式

企业微博的表达方式指的是企业在传播微博内容时向粉丝展现出其独特的态度、语气和交流方式,是企业传达给粉丝的语言印象。在微博传播中,微博的表达方式是在建立企业微博时就要考虑的一项重要形象定位工作。由于企业微博定位不同,企业微博的表达方式也有所不同,目前大致可把企业微博的表达方式分为严谨的正式表达和生动的非正式表达两类。

严谨的正式表达是一种庄重的微博语言,在微博中主要强调学术、技术、专业等方面的内容,以突显其微博的专业性。在这类微博中受众能获得比较官方的企业微博内容,感受这类企业在专业领域上严谨的态度。

生动的非正式表达是以一种平等、温和、亲切的口吻,像朋友一样与粉丝交流的表达方式。企业在微博中化身为一个虚拟的人,亲切的与粉丝互动,一方面使粉丝从微博中感受到的不再是枯燥冰冷的态度和文字,而是有温度有情感的人;另一方面使企业可以借助好友的关系最大化的释放其传播目的。近年来随着人们交流方式的改变,这种表达方式被许多企业所用,聚美优品也在使用这种表达方式。在对346条聚美优品微博内容的抽样分析中,除了少部分需要官方陈述用途的产品外,都明显的使用了亲切温和的语气发布微博内容,具体表现为:第一,聚美优品在微博中以"小美"这个女性化的角度与粉丝交流;第二,使用"思密达""欧巴""吖"等亲切的字眼用撒娇的语气拉近与粉丝的距离;第三,使用有趣的表情用好友的口吻与粉丝交流互动,使聚美优品与粉丝建立稳定的社交关系。

2. 微博的主题内容

由于新浪微博把每条微博的字数限制在140字以内,所以微博传递的信息内容都具有碎片化的特点,因此企业在传播信息的同时要注意主题内容的表达。在对聚美优品微博进行分析后,可将聚美优品微博内容按主题分为产品广告、公共关系、销售促销、互动营销、其他等五类,产品广告包括产品属性和附加值属性;销售促销包括产品特价、限时促销、赠品、抽奖、促销活动等;公共关系包括企业动态、危机公关、公共活动等;互动营销包括转发互动、活动参与、关系互动、用晒单分享等;其他包括情感分享、趣味分享、早晚间问候等。本论文抽取聚美优品 2016 年 1 月 15 日至 2016 年 4 月 15 日所发的 346 条微博从这五个方面对聚美优品微博内容进行分析整理得出:

表一　聚美优品官方微博主题分布情况

内容分类	微博数量	百分比
产品广告	63	18.21%
销售促进	85	24.57%
公共关系	53	15.31%
互动营销	74	21.39%
其他	71	20.52%
总计	346	100%

数据显示,在聚美优品微博内容中,销售促进类的微博数量排名第一,达到 85 条,其次是互动营销类微博 74 条和其他微博 71 条,然后是产品广告类微博 63 条,最后是公共关系类的微博 53 条。

(1)销售促销类

这类微博信息基本上是聚美优品官方的产品促销信息,在所统计的 346 条微博中达到 85 个,占总数的 24.57%。包括大型活动时期的折扣(如:#聚美 301#期间的系列活动),还有平时限时发布的口令红包以及抽奖活动。微博用户关注聚美优品微博的原因是很多方面的,其中最主要的一点是期望获得有利于自己的微博信息。因而聚美优品通过微博将有关活动信息传递给消费者,不仅是聚美优品获得目标用户接受的有效手段,也是聚美优品进行微博营销的手段。

图1　销售促进类微博内容

在微博上宣传促销活动,不仅方便快捷宣传成本比线下低,而且针对性特别强。活动宣传的效果也可以通过查看微博的阅读量、转发量、评论量和点赞量等指标对微博宣传结果做出简要分析,使企业获取微博用户的反馈资料并加以分析,研究最适合自身的活动宣传方式。聚美优品官方微博有着510万的粉丝群,但是这类信息平均每条的转发量和评论量是比较少的,因为有活动时它总是频繁的发布此类信息,使用信息轰炸。例如:聚美优品商城在举办"聚美301"活动时聚美优品微博从2月12日就开始逐渐为活动宣传造势,2月26日以后的5天中以平均一天11条的微博量开始频繁的发布关于#聚美301#活动的微博为企业活动加油助威。

(2)互动营销类

互动营销指的是企业在营销过程中充分考虑粉丝的需求,与粉丝进行交流沟通实现活动效果的最大化,切实体现活动的实用性。微博高效的交互性可以在保障交流广度的同时兼顾信息的持续性和深度,互动营销是聚美优品微博与粉丝的互动行为,两者通过双向的沟通不断增加微博粉丝的粘性和忠诚度。

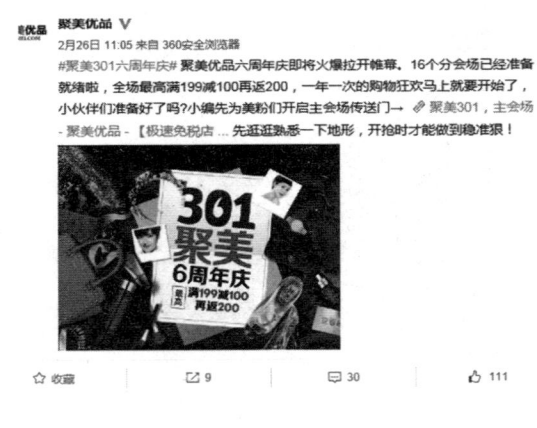

图2 互动营销类微博内容

这类信息在所统计的 346 条微博中达到 73 个,占总数的 21.39%。在分析聚美优品微博后,笔者发现聚美优品微博的互动营销主要内容互动和关系互动两大类:一个是需要粉丝转发此次活动的微博并@聚美优品便有机会获得奖品;另一个是聚美优品向微博粉丝提问,通过当下共同关注的话题引起微博用户与之互动。通过分析聚美优品互动营销类微博的转发量和评论量可以看出:有偿的互动营销更具吸引力,宣传效果比较好,获得众多粉丝的转发和评论。与粉丝平等的互动可以赢得良好的口碑和亲民的微博形象。粉丝的转发是利用微博病毒式的传播方式对信息起到强调作用,有目标的选择微博用户转发内容不仅可以扩大内容传播的范围,还可以提高微博用户对企业品牌的忠诚度。

(3)其他

聚美优品微博除了发布与自身企业相关的微博以外还会发布一些比较紧跟时代新奇有趣的微博内容,这些内容与聚美优品的产品和服务都没有关系,但能引起微博用户的广泛关注,如图3所示。这类微博在所统计的346条微博中达到71个,占总数的20.52%。这些微博主要是一些搞笑内容、心灵鸡汤、早晚间问候、分享心情感悟等等内容十分丰富,使用户可以获得某种形式的利益而非硬广告宣传性质的反感。

图3 其他的微博内容

紧跟时代的微博分享是表达个性化、向好友发出互动引起共鸣的积极行为,它促进聚美优品微博与粉丝之间的良性沟通;早晚间的问候能够使持续增进粉丝与聚美优品微博之间的感情使聚美优品形象不断完善;搞笑内容的微博分享可以引起粉丝与聚美优品微博精神上的共鸣。就企业微博来说这种传播方式的作用更加明显,聚美优品与粉丝之间的关系是不完全对等的,聚美优品的微博不可能关注到所有的粉丝,这从一定程度上削弱了来自信息接受者对信息发布者的信息反馈,这种适当地距离感不仅可以丰富微博的内容,还可以提升信息流动的效率,引起与粉丝的关注。

(4)产品广告类

产品不仅是一个企业给公众直观感受的外在对象,也是企业文化,企业核心竞争力的载体,最终于公众直接深入接触的也是企业的产品。本在所统计的346条微博中达到63个,占总数的18.21%。次研究的产品广告是指聚美优品企业微博涉及到聚美优品网上商城的产品的用途、特点、使用方法等。

据分析,此类微博有三个特点:第一,以具有吸引力的图片加上产品文字的准确介绍,形象的表达了微博的意图引发粉丝的后续行为;第二,微博中插入相关产品的网络链接,为粉丝提供便捷的网页通道,方便粉丝具体了解相关产品;第三,微博的文字内容往往通过间接的方式传达,而简单粗暴的推销产品。

图4 产品广告类内容

企业管理微博的根本目的是传播企业信息树立企业形象获得实质利益。对于在网上进行直接交易的电商企业来说,如果通过微博对产品的宣传,引发消费者的兴趣,就可以直接在网上进行交易。在对这63条微博进行分析后,发现这些微博都是进行巧妙的编排将产品介绍给粉丝,并非都是硬广告。这使得微博粉丝在潜移默化中接受聚美优品所传递的内容,并点击链接进入产品页面了解产品。

(5)公共关系类

此类公关关系类指的是企业为改善与公众的关系,获得公众对企业的理解和支持,树立良好的企业形象而在微博平台上发布的一系列活动和行为。以往企业图片5公关关系类内容

图5

想要塑造公众形象,就必须借助媒体发声,不但传播效果一般费用也很高,来自公众的反馈也不多。企业微博的开通使这种困境迎刃而解,微博的自媒体特性和病毒式的传播方式使企业有了极高的话语权,不仅费用花费少,传播的效果和公众的反馈也有极大的提高。

在聚美优品的346条微博样品中,公共关系类的微博就有53个,占15.32%。利用微博处理危机公关也是不错的途径,危机公关的意外性和聚焦性使企业需要第一时间与公众真诚的沟通,例如:图片5,在聚美优品网站出现问题时抓住这一短暂时机快速介入,了解用户关心的问题从用户利益的角度考虑,第一时间在微博上给用户解释,获得用户的理解和支持,维护企业的良好形象。

3. 微博信息发布的时机选择

虽然微博是随时随地发现新鲜事,但是对于要利用微博传播信息

的企业来说,企业微博发布的时间点也很重要,因为这决定了微博信息接收的程度。在恰当的时间发布适当的主题微博,才能有较多的关注度,达到最好的效果。

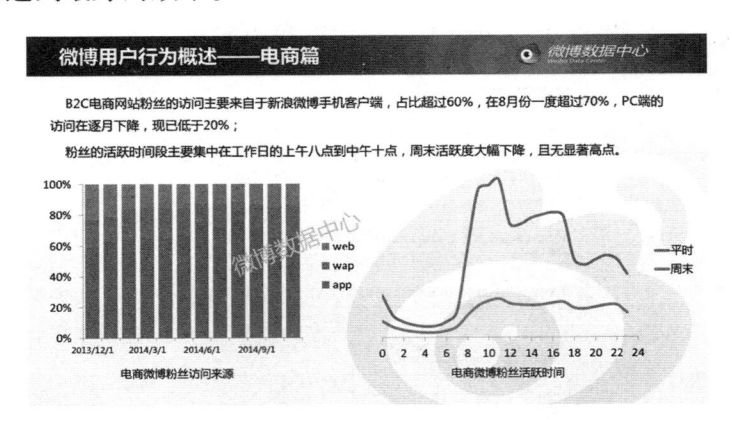

图6 新浪微博发布的电商微博粉丝活跃时间段

上图为新浪微博内部发布的电商微博粉丝活跃量。将每2小时划分为一个时间段,共12个时间段,依次对聚美优品的微博数据进行分析并与新浪微博发布的电商微博粉丝活跃时间段进行对比。分析聚美优品微博得出统计信息:10点到12点发文数量最多,达到26.25%;其次是20点到22点发文数量达到18.75%;然后是18点到20点的发文数量是15%。而16点到18点的发文数量为11.25%。从聚美优品发布微博的时间段和新浪微博发布的电商微博粉丝活跃时间段对比情况来看:聚美优品在16点到18点的微博行为稍显薄弱,聚美优品应该适当提高对这一时间段微博管理的重视程度。

(三)微博传播的渠道

所谓传播媒介,是指信息在流通或疏散过程中所运用的传播渠道。在本论文中暂且将媒介定义为:在微博传播过程中,能够使微博信息流动的方式和渠道。目前,微博已经是一个集客户端、网页、移动平台等多种渠道多种媒介于一体的网络传播工具。根据笔者对聚美优品官方微博的346条微博发送方式的抽样统计得出：

表二 聚美优品发布微博媒介平台及数量统计

媒介类别	媒介名称	微博数量(条)	百分比
定时微博系统	皮皮时光机	83	23.99%
微博网站	微博搜索	5	54.63%
	专业版微博	12	
	weibo.com	57	
	360安全浏览器	114	
	搜狗浏览器	1	
聚美优品购物平台	秒怕网页版	1	0.57%
	聚美优品客户端	1	
手机移动平台	iphone	72	20.81%
总计		346	100%

如表所示，笔者将聚美优品微博的媒介传播分为定时微博系统、微博网站平台、聚美优品购物平台和手机移动平台四大类。具体为：

微博网站：包括微博搜索、专业版微博、网页浏览器和weibo.com，指的是在新浪微博的官网上发布内容。在笔者的样品分析中，这类媒介所发布的内容多为产品广告和销售促进两类。专业版微博是新浪微博专门针对企业开发的微博界面，它具有精准的数据分析和高效的沟通管理后台，方便企业微博的管理者从宏观的角度审视企业微博所处的状态，更好的管理企业微博为粉丝提供服务。但是专业版微博在聚美优品微博中的利用率并不高，只占所调查微博的3.47%。其中在浏览器中推介的微博数量较多，此类微博主要是介绍产品，方便粉丝链接网址找到相关产品。

定时微博系统：皮皮时光机是针对新浪微博开发的第三方微博管

理应用工具，可以实现定时发布微博、定时转发微博、微博互动等功能。如果微博长时间不发布信息、更新内容粉丝就会大量流失，但人的精力和时间是有限的，为了能及时发布更新微博内容而又不用占用太多的时间，微博定时系统便是最好的选择。经这类媒介主要推送聚美优品微博中互动营销类的内容，这类微博的内容发送的时间都比较固定，采用定时微博系统不仅可以节省微博管理者的制作精力，还可以定时与粉丝互动交流。

手机移动平台：手机平台作为快速发展的移动媒体可以帮助企业随时随地的发布微博，手机移动平台可以通过发送每天的点滴信息，把企业在做的事情、获得的感动、迸发的灵感与大家分享，使微博成为"永不落幕的发布会"。在本次样品统计中，这类媒介所推介的大部分是聚美优品公关关系类的微博，可以随时随地发布企业的动态和活动，为粉丝现场直播企业活动，提高粉丝对企业微博的认知度和粘黏度。

聚美优品购物平台：这类媒介是通过聚美优品的官方购物网站即时把好的产品通过微博分享给粉丝，引发粉丝的购买欲望，这类媒介在聚美优品微博传播中极为少用。

从对样品的以上分析中可以看出，聚美优品的企业微博是根据内容来选择发送媒介的，只是用些媒介平台还有待开发和利用。

(四)微博传播的受众分析

企业微博发布的内容是否符合粉丝的利益是企业微博的时效性所在。聚美优品微博受到510万粉丝的选择和关注，并且这些粉丝关注聚美优品微博是为了满足其某一方面的需求。从传播学的角度来讲，这就是受众分析的第三阶段"使用和满足"。所谓的"使用和满足"是从受众方面看待传播活动的理论，它特别强调受众的作用，认为受众通过对媒介的积极作用，从实际上制约着整个传播过程，而受众的使用媒介都是基于自己的需求,都是为了满足自己的愿望。无论聚美优品微博的粉丝关注聚美优品官方微博是出于何种目的,它产生的效果都是从不同程度上实现了满足与期望。

(五)微博信息传播的效果反馈

反馈是指由控制系统把信息输送出去又把其作用结果返送回来,即从信息接收者处送回给传播者的少量意见信息。在传播中,分析传播者、把握受众、了解媒介、知己知彼都是想达到最佳的传播效果。在微博传播中可以从粉丝对微博内容的转发量、评论量和点赞量进行数据统计,分析粉丝反馈回来的微博信息。以下是笔者对聚美优品微博反馈数据的统计:

表三 聚美优品企业微博主题类别的转发量、评论量及点赞量

微博主题	转发量的平均值	评论量的平均值	点赞量的平均值
公关关系	121.36	178.19	554.36
销售促进	23.49	85.68	228.04
产品广告	17.83	26.63	157.40
互动营销	338.22	407.46	470.00
其他	174.82	110.03	801.51

从以上数据可以看出,粉丝对互动营销类的微博反馈程度最高,达到4189次的转发量,3330次的评论量和384次的点赞量,排名微博主题第一,聚美优品的活动规则引发了高数量的粉丝参与,这证实了粉丝关注企业微博的主要目的是获得与自身有利的信息,就聚美优品而言,粉丝的这种转发行为也为企业活动进行了宣传;其他类的微博反馈程度位居第二,这一现象表明了聚美优品与粉丝在精神上有共同的追求,说明这一主题建设是相当成功的,得到了众多粉丝的青睐;最后,聚美优品的公关关系类的内容也引发了2315次的转发量、111次评论量和1302次的点赞量,这说明聚美优品在利用微博进行公关关

系建设得到了公众的大量反响,取得了很好的传播效果。此外,可以看出产品广告类的微博内容并没有引起粉丝有效的信息反馈,说明聚美优品在微博上频繁推销产品并非明智之举。

二、聚美优品微博传播的特点

(一)找准企业定位,搭建内容平台

正确合理的企业定位不仅是微博传播所需要的,更是企业自身发展必须要明确考虑的,企业的微博定位一定要区别与其他竞争者,以引人瞩目。通过对以上笔者的分析可以看出,聚美优品始终将微博定位成一个良性的互动平台,不只是简单的将企业微博当成企业的发言人,而是从长远发展的角度看待微博对塑造企业形象的意义。聚美优品微博从企业微博的自称、微博的表达方式和微博的内容建设等方面都在树立企业的良好形象。

(二)准确定位目标人群,投其所好

随着经济市场化程度的不断加深以及买方需求的多样化趋势,构成产业链的元素进一步分裂,市场的细分成为企业发展成熟的标志。针对目标用户的细分需求,制定相应的促销活动,明确目标人群,提供相应的产品价值,最终使用户成为固定的购买群体。作为大型的网络购物平台,聚美优品想要在微博上提升信息的传播效果就需要在微博传播中准确的定位用户市场,针对用户市场细分的特征,发布微博内容。微博粉丝关注某一微博的目的是获得某种程度上的利益,聚美优品恰好利用这一点,与粉丝进行大量的互动营销,了解并满足粉丝的需求,增加粉丝对聚美优品微博的黏性,达到良好的传播效果。

(三)了解用户使用规律,提升接收程度

知己知彼,百战不殆。企业微博传播要想达到好的传播效果就需要了解用户使用微博的规律,有的放矢的发布微博。在以上对聚美优品微博的分析中可以看出,聚美优品微博管理者在发布微博内容的时间选择上是根据新浪微博提供的电商粉丝活跃量的时间段而发文的,这就在一定程度上精准的定位微博内容的接收者。此外,聚美优品微博在内容推送和媒介推送中均选择了多样化的传播形式,这从一定程度上提升了微博粉丝的浏览体验,也为粉丝消费行为的延伸奠定了基础。

三、聚美优品微博传播存在的问题及对策

(一)微博内容同质化严重

在本文的分析中可以看出:微博的主题内容同质化和重复率过高,频繁的发布相同的主题内容,虽然此类微博的形式丰富多样,但粉丝对此类微博仍没有过多的评论和转发。由于新浪微博是一个"随时随地发现新鲜事"的传播平台,一味的发布相同的主题对粉丝进行信息轰炸,虽然会使不少粉丝接收到此类信息,但是还会引起大量粉丝的反感,这种做法得不偿失。面对内容同质化严重的问题就需要企业在推送信息时,加强针对性,对每一条微博进行深加工,减少"量"而发展"质"。

(二)传播的效果监测难度大

尽管专业版微博可以方便微博管理者对微博传播的效果进行科学的数据支撑,但从以上对传播媒介的分析可以看出:聚美优品在发布微博时并不是非常注重传播效果的监管,对专业版微博的利用率不高。微博的传播效果体现在微博中的方方面面,单从简单的查看微博的评论量,转发量和点赞量并不能全面的展现传播的效果。因此,在企业的微博传播中需要企业运用相应的网络技术,进行深一步的传播效果分析和监测,科学的反映其中蕴含的规律,找到针对性的传播方式。

结　语

在新媒体时代,团购网站间的竞争日益激烈,而微博作为新媒体时代一个重要的网络应用,已成为团购网站进行企业传播的重要工具。本文从聚美优品企业的微博传播的主体、微博传播的内容、微博传播的渠道、微博传播的受众分析和微博信息传播的效果反馈五个方面进行分析,指出聚美优品微博传播的优缺点,并提出针对性的改进建议,使企业可以在激烈的竞争中平稳持久的发展。

参考文献

[1]梁玉峰. 营销学4P理论视域下的学术期刊经营策略[J]. 新闻知识,2013(11)

[2]梁玉峰. 数字出版背景下学术期刊的发展[J]. 青年记者,2016(2)

[3]梁玉峰.《黄河晨报》的新闻报道现状、问题及对策[J]. 新闻世界,2015(1)

[4]梁玉峰. 我国地方画报的分化与转型[J]. 青年记者,2009(15)

[5]梁玉峰. 浅谈《城市画报》的转型与调整[J]. 新闻世界,2009(6)

[6]梁玉峰. 电视剧翻拍流行的传播学解读[J]. 新闻界,2010(5)

[7]梁玉峰. 相亲节目娱乐化的传播学解读[J]. 新闻世界,2010(22)

[8]梁玉峰. 电视相亲节目的同质化与差异性——《非诚勿扰》与《我们约会吧》的比较分析[J]. 重庆邮电大学学报(社会科学版),2013(6)

[9]梁玉峰. 用本土特色打造电视民生新闻的典范—运城电视台《第一时间》评析[J]. 新闻知识,2015(2)

[10]梁玉峰. 省级门户网新闻传播策略初探[J]. 语文学刊,2008(16)

[11]文有仁. 坚持党性原则 满足读者需求[J]. 新闻界,1998(2)

[12]杜飞进. 增强媒体融合度提高版面可视性——人民日报两会报道的创新实践及启示[J]. 新闻战线,2014(4)

[13]柯文浩. 路透社与《纽约时报》对中国"两会"的报道研究[J]. 今传媒,2010(12)

[14]马志朋. 2013《人民日报》两会报道特色分析[J]. 今传媒,2014(5)

[15]吴建群. 突破 创新 闪亮——2010年《人民日报》"两会"报道评析[J]. 新闻战线,2010(4)

[16]张金岭. 当好读者的新闻"秘书"——关于两会报道的几点感想[J]. 青年记者,2011(12).

[17]暴爱国,让民生新闻"唱主角"的实践与思考[J]. 中国记者,2014(12)

[18]胡海涛,接地气才有生命力——《上党晚报》时评版面的探索与思考[J]. 中国地报人2011(14)

[19]木兵,创新理念 找准定位 办出特色——《上党晚报》创新办报思路的探索与实践[J]. 新闻采编,2010,(4)

[20]马学玲.《新闻联播》中三农问题的抽样分析与研究[J]. 电视研究,2008(11).

[21]许加彪. 国家声音与政治景观《新闻联播》结构与功能分析[J]. 现代传播,2009(4).

[22]李齐.《新闻联播》样本分析浅析新闻联播内容特点[J]. 新闻天地,2009(2).

[23]张志安,柳剑能.《城市画报》的营销策略[J]. 新闻记者,2003年(8)

[24]李惊雷. 从《城市画报》看我国媒体分层[J]. 新闻记者,2003(11)

[25]李思坤.一份来自中国期刊业的报告——杂志影响力[J].新周刊,2003(8)

[26]陶莉.《城市画报》的编辑风格与商业逻辑[J].新闻出版交流,2003(3)

[27]吴风文.走进新世纪的中国网络新闻传播[J].新闻大学,2000(3).

[28]姚丽萍,唐小兵.新闻网站的现状和展望—从人民日报、新浪网及某地方报[J].新闻大学,2000(4).

[29]林功成,张志安,曾子瑾.中国新闻网站内容品质调查—以四家网站为例[J].新闻记者,2014(6).

[30]孙国桐.论新闻的导向性[J].中国记者,1994(09)

[31]桑苗.浅谈现代新闻的时效性[J].青年记者,2010.

[32]薄汉斌.对当前电视新闻媒体舆论导向的思考[J].青年记者,2002.

[33]赵彦华.2011-2012年全国期刊业发展状况分析[J].出版发行研究,2013(1)

[34]邱源,刘亚民.学术期刊的市场化运作[J].青年记者,2002(12)

[35]刘远颖,刘培一.论学术期刊核心竞争力的提升[J].中国科技期刊研究.2007(2)

[36]赵彦华.2011-2012年全国期刊业发展状况分析[J].出版发行研究,2013(1)

[37]高峻璞.科技期刊标准化、产业化、国际化发展方向[J].现代预防医学,2006(6)

[38]孙志伟.募捐:学术期刊的独特经营之路[J].编辑之友,2007(4)

[39]王炎龙,黎娟.我国科技期刊数字化出版运营形态及新模式探

索[J].中国科技期刊研究,2013,24(5)

[40]刘成勇.关注"云出版"[J].出版参考,2010(21)

[41]李娟.论云出版的内涵及其运营保障[J].中国传媒科技,2012(24)

[42]吴鸣谦,孙守增.云出版时代科技期刊数字化的机遇与挑战[J].科技与出版,2013(8)

[43]张诚.加快期刊云建设 推进出版业转型[J].中国科技期刊研究,2012,(23)6

[44]朱嘉蕊,刘锦宏,李弘.面向读者的云出版服务模式研究[J].出版科学,2014,(22)3

[45]彭绍明.云出版:数字出版发展的整体方案[J].出版发行研究,2012(2)

[46]周华清.品牌——国内学术期刊发展的方向[J].北京社会科学,2011(4)

[47]丁传春.电视民生新闻栏目的发展与完善[J].东南传播,2007(3)

[48]许建华.电视民生新闻的坚守与突破[J].中国广播电视学刊,2010(8)

[49]房艳凡.电视民生新闻存在的问题及对策[J].南都学坛,2012(6)

[50]王晖,朱琛琛.城市电视台民生新闻发展趋势的思考[J].新闻传播,2013(3)

[51]孙永祥、刘依.公安微博的现状分析及管理思考[J].浙江警察学院学报,2011(04)

[52]王方林."黄岩公安"微博的实践与思考[J].浙江警察学院学报,2013(05)

[53]黄培育."泉州公安"微博工作调查报告[J].福建警察学院学

报,2012(02)

[54]吴海春、王旭东.汾阳公安微博亮点多[J].政府法制,2014(03)

[55]崔佳、陈茂辉.公安微博的济南样本[J].走向世界,2011(24)

[56]廖建春.公安微博的作用及相关问题研究[J].中国人民公安大学学报(社会科学版),2011(03)

[57]李建楠.从《人民日报》两会报道的话语分析看中国社会变迁[D].山东:中国海洋大学汉语言文学学,2013.

[58]吕雷.改革开放以来《人民日报》两会报道特色研究[D].兰州大学,2009.

[59]王伟亮.我国报刊(网站)间转载、摘编之著作权问题研究[D].山东大学,2003.

[60]贺蕾.从独白到对话《人民日报》"两会报道"演变研究(1978-2011)[D].复旦大学,2012.

[61]苏宝筠.江门市公安政务微博管理研究[D].华南理工大,2013.12

[62]郭佳.山西省政务微博规范化研究[D].山西大学,2013

[63]孙一.辽宁省公安微博运行情况及发展前景[D].辽宁大学,2014

[64]黄楚.武汉市政务微博发展现状及对策研究考察——以武汉市公安微博为例[D].湖北工业大学,2013.4

[65]林江,冯玉明.中国报业发展报告2007[C].北京:社会科学文献出版社,2007.

[66]王正鹏.报纸突围——数字时代传统媒体变身记[M].广州:中山大学出版社,2010.

[67]刘海贵.中国新闻采访写作学[M].上海:复旦大学出版社,2012.

[68]丁法章．新闻评论教程[M]．上海:复旦大学出版社,2008

[69]郭庆光．传播学教程(第二版)[M]．北京:中国人民大学出版社,2011．

[70]李彬．传播学引论(增补版)[M]．北京:新华出版社,2003．

[71]屠忠俊．现代传媒经营管理[M]．武汉:华中科技大学出版社,2011

[72]彭兰．网络传播案例教程[M]．北京:中国人民大学出版社,2010

[73]匡文波．新媒体概论[M]．北京:中国人民大学出版社,2012